教育実践の理論と方法

教育実習・子どもの発達・授業

長瀬善雄 編著

教育出版

編著者・執筆者一覧

編著者

長瀬　善雄　姫路大学　　　　　　　　1章, 5章, 15章

執筆者（五十音順）

榎並　雅之　姫路大学　　　　　　　　12章
榎元十三男　神戸女子大学　　　　　　7章
勝見　健史　兵庫教育大学　　　　　　13章
加藤　紀久　神戸市立本山南小学校　　6章
谷山　優子　神戸女子大学　　　　　　18章
長瀬　荘一　神戸女子短期大学　　　　2～4章, 11章
野坂　静枝　神戸市教育委員会　　　　9章
藤井　雅英　園田学園女子大学　　　　10章
古田貴美子　神戸女子短期大学　　　　17章
牧坂　浩一　神戸市教育委員会　　　　14章
松岡　恵　　神戸親和女子大学　　　　8章
山本　智一　兵庫教育大学　　　　　　16章

刊行にあたって

　2016（平成28）年12月21日に示された中央教育審議会の答申において次期学習指導要領の方向性が示された。2030年頃の社会の在り方を見据えながら，第4次産業革命ともいわれる進化した人工知能がさまざまな判断を行う時代の到来が社会や生活を大きく変えていくとの予測がなされている。今，まさに，いかに感性を豊かに働かせて未来を創っていくのか，いかに社会や人生をよりよいものにしていくのか，いかによりよい社会と幸福な人生の創り手となる子どもを育てていくのか，真剣に向き合う時である。

　この時期に，教育実践の入門書ともいえる本書『教育実践の理論と方法―教育実習・子どもの発達・授業―』が刊行されることは意義深く，教職を強く希望し教育実践に臨もうとする学生諸子の志をサポートできるものと思っている。

　本書は，小学校教育に焦点を絞り，教育実習の取り組み方，子どもの発達の理解，基本的な授業づくりなどについて具体的でわかりやすい内容となるように構成した。

　特に，時代の変化により複雑化・多様化する児童をめぐるさまざまな課題に対して理解が深まるよう児童期の心理と発達，児童理解，特別支援教育の理論などについてしっかりと学ぶことのできるものにした。また，教育実習の中核となる授業実践における授業展開や学習指導案についても提示し，教育技術を実践的に理解できるようにした。さらに，「教職実践演習」，「介護等体験」の大要，教職に直接関係する主要な教育法規についても掲載し，多様に活用できるように構成した。

　最後に，本書の刊行にあたりご執筆いただいた各位，また，出版の準備作業から公刊に至るまで多大な支援と協力をいただいた教育出版の皆さまに深甚なる感謝の気持ちを申し上げる。

　　　平成29年10月

　　　　　　　　　　　　　　　　　　　　　　　　　　　　長瀬　善雄

目　次

刊行にあたって

1．教師に求められる資質・能力 …………………………………… 1
　(1) 教師を取り巻く状況　1
　(2) これからの教師に求められる資質・能力　2
　(3) 学びつづける教師　4
　(4) 今，求められる具体的な教師像　4
2．教育実習の意義 …………………………………………………… 8
　(1) 教職志望と教育実習の意義　8
　(2) 教員養成と教育実習の意義　11
3．教育実習の目的と目標 …………………………………………… 12
　(1) 教職課程における教育実習の位置づけ　12
　(2) 教育理論と教育実践の統合　13
　(3) 実践的指導力の基礎を養成　14
　(4) 教職志望の意志と適性の見きわめ　15
　(5) 「教職実践演習」との関連　16
　(6) 教育実習の具体的目標　17
4．教育実習に向けて ………………………………………………… 18
　(1) 教育実習の形態　18
　(2) 教育実習の内容　21
5．実習校の決定まで ………………………………………………… 26
　(1) 受け入れの動向　26
　(2) 教育実習までの流れ　26
　(3) 実習校の選定等　27
　(4) 教育実習校の依頼（口頭内諾）について　27
6．小学校現場からの声 ……………………………………………… 29
　(1) 実習生に望むこと　29
　(2) 教員養成系学部に望むこと　31
7．実習中における積極的な学び …………………………………… 34
　(1) 積極的な実習態度　34
　(2) 配属学級の担任とのかかわり　37
　(3) 子どもとつながる　38
　(4) 学級集団の特徴を学ぶ　39

(5) 学級経営の方法を学ぶ　40
　(6) 子どもの健康・安全を学ぶ　41
　(7) 学校行事へのかかわり　41
8．児童期の心理と発達 …………………………………………………… 43
　(1) 児童期の発達の特徴　43
　(2) 幼児期から児童期へ　44
　(3) 幼児期・児童期の知的発達の特徴　45
　(4) 幼児期・児童期の自己の発達　47
　(5) 自己制御と感情制御の発達　49
　(6) 仲間関係の発達　50
9．特別支援教育について ………………………………………………… 53
　(1) 特別支援教育とは　53
　(2) 発達障害の理解と支援　58
　(3) 特に配慮を必要とする児童への対応　63
10．児童理解と指導 ………………………………………………………… 66
　(1) 最近の児童の状況　66
　(2) 児童理解とコミュニケーション　71
11．子どもの学ぶ心理を生かした授業づくり …………………………… 75
　(1) 「内発的動機づけ」を生かす　75
　(2) 「モデリング効果」を生かす　76
　(3) 「思考の発達段階」を生かす　77
　(4) 「発達の最近接領域」を生かす　78
　(5) 「メタ認知」を生かす　79
12．教育実習における学習指導案の作成 ………………………………… 81
　(1) 授業計画　81
　(2) 学習指導案の意味と作成について　86
13．実習授業の実際―授業における指導技術と授業研究 ……………… 93
　(1) 授業展開の技術　93
　(2) 指導の前提となる教師の「鑑識眼」　100
　(3) 授業分析と授業研究　101
14．道徳教育の実践 ………………………………………………………… 105
　(1) 小学校における道徳教育　105
　(2) 道徳の授業づくり　107
15．「実習記録」について ………………………………………………… 113
　(1) 「実習記録」の意義　113
　(2) 観る視点を明確にした観察　115

(3) 教育実習における省察の意味　*118*
　(4)「実習記録」作成にあたって　*119*
　(5)「実習記録」の実際　*121*
　(6)「実習記録」の活用　*121*
16. 教育実習を終えて …………………………………………………… *126*
　(1) 教育実習での学びの整理と反省　*126*
　(2) 実習終了のあいさつと礼状　*129*
　(3) 教師の資質・能力の向上に向けて　*130*
17. 教育実習と教職実践演習 ………………………………………… *132*
　(1) 教職実践演習のねらいと性格　*132*
　(2) 履修カルテの活用　*135*
　(3) 教師としての資質・能力の確認　*135*
　(4) 課題の自覚と対策　*137*
18. 介護等体験 ………………………………………………………… *140*
　(1)「介護等体験」の概要　*140*
　(2)「介護等体験」の現場　*142*
　(3) 振り返りのワーク　*145*

資料編
　1　指導案の書き方と指導案例　*146*
　2　小学校学習指導要領別表　学年別漢字配当表　*158*
　3　日本国憲法（抄）　*160*
　4　教育基本法　*160*
　5　学校教育法施行規則（抄）　*162*
　6　小学校学習指導要領（抄）（第1章 総則，第3章 特別の教科 道徳）　*167*
　7　地方公務員法（抄）　*175*
　8　教育公務員特例法（抄）　*176*

1. 教師に求められる資質・能力

> 昨今，初任者の実践的指導力やコミュニケーション力，チームで対応する力など教員としての基礎的な力が不十分であることが指摘され，いじめ・暴力行為・不登校等生徒指導上の諸課題，発達障害のある児童生徒への対応など複雑かつ多様な課題などへの対応が求められている。本章はグローバル化や情報化，少子高齢化など社会の急激な変化に伴い21世紀を生き抜くための学校の役割を踏まえ，これからの教師に求められる資質・能力について概説している。また，学級担任として子どもの可能性をひらく責任者として具体的にどのような教師像が求められているのか提言した。

(1) 教師を取り巻く状況

2012（平成24）年8月28日に示された中央教育審議会答申の「教職生活の全体を通じた教員の資質能力の総合的な向上方策について（答申）」によると，これからの社会と学校に期待される役割として以下のようなことが挙げられている。

① グローバル化や情報通信技術の進展，少子高齢化などの急激な変化に伴い，高度化，複雑化する諸課題への対応が必要となっている。

② 変化が激しく先行きが不透明な社会に移行しつつある中で，幅広い知識と柔軟な思考力に基づいて，知識を活用し，付加価値を生み，イノベーションや新たな社会を創造していく人材や国際的視野をもち，個人や社会の多様性を尊重しつつ，他者と協働して課題解決を行う人材が求められている。

③ グローバル化や情報化，少子高齢化など社会の急激な変化に伴い，21世紀を生き抜くための力を育成するため，学校は基礎的・基本的な知識・技能の習得に加え，これらを活用して課題を解決するために必要な思考力・判断力・表現力等の育成や学習意欲の向上，多様な人間関係を結んでいく力の育成等を重視する必要がある。

④ 学校現場では，いじめ・暴力行為・不登校等生徒指導上の諸課題への対応，

特別支援教育の充実，外国人児童生徒への対応，ICTの活用など多様な課題に対応することが求められている。

これらの事柄が学校に期待されているのであるが，教師がこうした課題に対応できる専門的知識・技能を向上させる必要があり，校内・校外における自主的な資質・能力の向上の活動を一層活性化し，教職員がチームとして力を発揮していける環境整備も必要であるとしている。

(2) これからの教師に求められる資質・能力

2016（平成28）年12月21日に示された中央教育審議会の「幼稚園，小学校，中学校，高等学校及び特別支援学校の学習指導要領等の改善及び必要な方策等について（答申）」において次期学習指導要領の方向性が示された。その中で，2030年頃の社会の在り方を見据えながらこれから子どもたちが活躍することとなる将来について見通した姿を考えていくことが重要となるとしたうえで，第4次産業革命ともいわれる進化した人工知能がさまざまな判断を行う時代の到来が社会や生活を大きく変えていくとの予測がなされている。答申ではこのような社会においてはいかに感性を豊かに働かせながら未来を創っていくのか，予測できない変化に受け身で対処するのではなく主体的にかかわり，よりよい社会と幸福な人生の創り手となる力を身につけられるようにすることの重要性が示されている。情報化，グローバル化といった社会の変化が人間の予測を超えて加速度的に進展する予測困難な時代の到来を見据え，新しい社会の在り方を創造できる子どもをはぐくむには，どのような教師が求められるのだろうか。

中央教育審議会においては平成27年12月に，教員の資質・能力の向上を目指す制度改革，「チームとしての学校」の実現，地域と学校の連携・協働に向けた改革を柱とする三つの答申を示した。この中で教員の資質・能力の向上を目指す制度改革については，国，教育委員会，学校，大学等が目標を共有して連携しながら次期学習指導要領等に向けて教員に求められる力を効果的に育成できるよう教育委員会と大学等との協議の場の設置や，教員に求められる能力を明確化する教員育成指標，それを踏まえた研修計画の策定などを示した。

わが国の教師に対する国際的な評価はもともと高く，特に，各教科等における授業改善に向けて行われる多様な研究に関しては，海外からもきわめて高い関心が寄せられている。特に各学校における教師の学び合いを基調とする「授

業研究」は，わが国において独自に発展した教員研修の仕組みであるが，近年「レッスン・スタディ」として国際的な広がりを見せている。一方で授業研究の対象が一回一回の授業における指導方法という狭い範囲にとどまりがちであり，単元や題材のまとまりを見通した指導の在り方や，教科等横断的な視点から内容や教材の改善を図っていく視点が弱いという指摘もある。これからの教師には，学級経営や児童生徒理解等に必要な力に加え，教科等を越えた「カリキュラム・マネジメント」の実現や，「主体的・対話的で深い学び」を実現するための授業改善や教材研究，学習評価の改善・充実などに必要な力等が求められる。

　また，2006（平成18）年7月の中央教育審議会答申「今後の教員養成・免許制度の在り方について」において，今後の大学における教員養成にかかわって教員に求められる4つの事項を「1．使命感や責任感，教育的愛情等に関する事項，2．社会性や対人関係能力に関する事項，3．幼児児童生徒理解や学級経営等に関する事項，4．教科・保育内容等の指導力に関する事項を含めることが適当」としている。そして，2012（平成24）年8月28日の中央教育審議会答申において，これからの教員に求められる資質・能力は次のように整理されている。

(ⅰ) 教職に対する責任感，探究力，教職生活全体を通じて自主的に学び続ける力（使命感や責任感，教育的愛情）
(ⅱ) 専門職としての高度な知識・技能
　・教科や教職に関する高度な専門的知識（グローバル化，情報化，特別支援教育その他の新たな課題に対応できる知識・技能を含む）
　・新たな学びを展開できる実践的指導力（基礎的・基本的な知識・技能の習得に加えて思考力・判断力・表現力等を育成するため，知識・技能を活用する学習活動や課題探究型の学習，協働的な学びなどをデザインできる指導力）
　・教科指導，生徒指導，学級経営等を的確に実践できる力
(ⅲ) 総合的な人間力（豊かな人間性や社会性，コミュニケーション力，同僚とチームで対応する力，地域や社会の多様な組織等と連携・協働できる力）

(3) 学びつづける教師

　昨今，初任者の実践的指導力やコミュニケーション力，チームで対応する力など教師としての基礎的な力が不十分であることが指摘されている。つまり，教科指導，生徒指導，学級経営等の実践的指導力が十分ではないということである。特に，いじめ・暴力行為・不登校等生徒指導上の諸課題は，深刻な状況にあり，陰湿ないじめなど教師から見えにくい事案についてもその兆候を見逃さず，早期に的確に対応できる指導力が一層求められている。

　そのためには，これまでの経験と勘に基づきがちであった実践を理論的に省察する機会をもち，自己の実践を整理し理論化して常に自己の実践を反省的に振り返ることが今まで以上に求められる。このような取り組みの積み重ねがまさしく「学び続ける教師」であり，実践的指導力の陳腐化を防ぐ。

(4) 今，求められる具体的な教師像

　ここまで教師に求められる資質・能力について述べてきた。しかし，それらの内容をすべての教師が完璧に身につけ，子どもの前に立つことは難しい。そのようになろうと努力しつづける「実直な教師」を望む。子どもにおもねることなく，「子どもによりそった発想」でかかわる教師であってほしい。「明るく，笑顔のある，情熱のある」教師として子どもとかかわってもらいたい。

①子どもに心から愛情をかける教師

　子どもは姿・形，性格，学力，行動の仕方，話し方などさまざまである。また，悲しい思いをしている子，明るい子，おとなしい子，元気な子，親切な子，乱暴な子，落ち着きのない子など多様である。これらすべての子ども一人ひとりに対して同じように心から愛情をかけてほしい。そういう教師であってほしい。子どもが今を生き，可能性を求めて生きる過程に指導し，応援し，励まし，勇気を与えるのが教師の仕事だからである。

②子どもから愛され，信頼され，尊敬される教師

　子どもから慕われ，信頼される教師になろうと考えなくとも，次に示す教師像を求めて行動しつづけることが結果として愛され，信頼される教師に近づく。

　a) 明るくて遊んでくれる先生
　b) 自分の間違いを認める先生

c) 公平な先生
  d) よいところを認めてくれる先生
  e) 厳しいけれどやさしい先生
  f) 授業がわかりやすい先生

 さらに，教師は当然，これまでの実践経験を踏まえ，自分の目線で考え判断している。しかし，教室の子どもを目の前にしたとき，子どもの側に立てる教師でありたい。子どもの高さで子どもの目線で見て，それをあらためて教師の高さで教師の目線で見直して判断し指導できる教師であることを期待する。

③学級経営を大切にする教師

 学級経営が適切に行われなければ，子どもの学校生活に「安心，安全，安定」が確保できない。

  a) 子どもと教師，子どもと子どもの人間関係を重視して「思いやりと助け合いのある学級」「だれもが認められる学級」を目指す。
  b) 悪ふざけ・からかい・いじめをしない・許さない学級を子どもと教師でつくる。
  c) 何かに向かって工夫したり協力したりできる能動的な学級をつくる。
  d) 学習のときだけでなく，休み時間に教師も子どももみんなで遊べる学級をつくる。
  e) 学級通信の発行や連絡帳の活用などを工夫して保護者との信頼関係を築く努力をする。

④質の高い授業

 子どもが考え，わかり，でき，学んだ知識・技能を活用して課題を解決できるようになることを大切にする教師でありたい。質の高い授業を通して本物の学力を子どもに定着させることが教師の仕事である。この取り組みこそが学び続ける教師を具現化することになる。

  a) 授業の計画と準備を十分にする。
  b) 授業展開の基本型を身につける（課題提示，解決の見通し，自力解決の段階，全体での検討，学習のまとめ，適用と発展など）。
  c) 学習意欲を高める工夫をする。
  d) 体験的学習，問題解決的学習を通して粘り強く最後まで取り組ませ，苦労して，工夫してやっとできたなどの体験を大切にする。

e）子どもの反応の見取り方，子どもの意見の取り上げ方を身につけ授業に生かす。
　f）正しい・美しい話し方，わかりやすい説明の仕方を身につける。
　g）学習の準備，話し方・聞き方，話し合いの仕方など学習ルールを定着させる。
　h）問題解決の手がかりの見つからない子どもに，どのようにすればよいのか具体的に個別指導し学習の流れをつくる。

⑤評価を大切にする教師
a）子どもの学習活動の様子を見取り，個々の子どもにどのようにかかわっていけばよいのか手立てを打てるようにする。
b）「どれだけできたか」という総括評価だけに目を向けるのでなく，「どの程度までできるようになりつつあるか」という形成的評価を重視する。
c）教師自身が授業の進め方について評価の機会をつくり改善に努める。
　・授業について教師自身が自己評価し授業改善につなげる。
　・先輩の評価を積極的に受けて授業を改善する。
　・授業研究を率先して行い他者から評価を受ける。
　・子どもから授業についての感想を求める機会をつくり，見直しする手がかりを得る。
　・「子どもは伸びる存在である」という教育的信念をもち努力を続ける。

⑥良識・常識のある教師
　教師は教師である前に社会人であり市民である。社会の中の一般的な常識・良識からひどくかけ離れないようにすることも大切なことである。そのうえで教師は教育公務員としての服務が厳しく求められる。
　a）社会で通用する常識を身につける。
　b）子どものモデルになるようなあいさつ，言葉遣い，会話ができる。
　c）体罰の禁止，人権侵害などに対する意識が高い。
　d）学校の理解の得られない独善的な教育の内容と方法を子どもに直接ぶつけるようなことがない。
　e）子どもの気持ち，悩みや相談，思いに誠実に向き合える。
　f）保護者，地域住民の声に耳を傾け互いに努力することを大切にする。
　g）広い視野，地球的発想で考え，実際の行動はできることから具体的に進

められる。
h) 趣味をもち，包容力，柔軟性などを養い，人間としての幅を広げる努力をする。

(長瀬善雄)

〈引用・参考文献〉
- 中央教育審議会（2016）「幼稚園，小学校，中学校，高等学校及び特別支援学校の学習指導要領等の改善及び必要な方策等について（答申）」
- 中央教育審議会（2012）「教職生活の全体を通じた教員の資質能力の総合的な向上方策について（答申）」
- 小島宏（2005）『学級経営の悩み相談』教育出版
- 中央教育審議会（2006）「今後の教員養成・免許制度の在り方について（答申）」
- 長瀬善雄編著（2011）『わかりやすい！　すぐに役立つ！　小学校「教育実習」実践・実技ガイド』明治図書
- 曽余田浩史・岡東壽隆編著（2004）『ティーチング・プロフェッション　―21世紀に通用する教師をめざして』明治図書
- 新井保幸・江口勇治編著（2014）『教職シリーズ1　教職論』培風館

2．教育実習の意義

> 　教育実習では，教職の楽しさ・おもしろさを実感するとともに，教える立場に立つことの難しさを経験する。また学校の組織運営，教師の職務，子どもの実態，教育活動の実際を知り，「研究」と「研修」の違いや，大学で学んだ学問的知見を教育の場でどのように具現化するかなどを体験を通して確かめることができる。「教育実習校は実験校ではない」ことを肝に銘じつつ，常に自己の能力と適性を振り返って自己研鑽の課題を発見する機会とし，最終的に，教職に対する自分の意志や目標を確認する機会である。

　教育実習は，他の大学生活がかすんでしまうほど衝撃的な体験である。授業では「教師が上手に教えれば，子どもは生き生きと勉強する」ことを実感し，「下手に教えれば，子どもはみるみるうちにやる気を失う」ことを身をもって知る。とりわけ，自分の教え方の拙さで子どもがやる気を失ったときは，子どもが純粋なだけに，深い自責の念にさいなまれる。一方，子どもが意欲的に授業に参加したときは，それまでの苦労が一瞬で吹き飛んでしまうほど，教えるおもしろさと喜びを味わうことができる。

(1) 教職志望と教育実習の意義

　教職の仕事は，人生を賭ける値打ちのあるおもしろい仕事である。子どもは純粋であるし，教え方一つで子どもの才能を限りなく引き出すことができる。また，子どもは基本的に教師を信頼し，好意的に接してくる。しかし，教師の言動が子どもの期待を裏切ると，はじめとは打って変わり，反抗したり，言うことを聞かなくなったりする。多くの場合，それは教師の責任であり，教職について回る厳しさである。この種の厳しさは，医師，弁護士，エンジニアなど，すべての職業分野について回る。教職志望の学生にとって大切なことは，教職に求められる厳しさが，自分の興味・関心や適性に合っているかどうかである。

①教職の楽しさ・おもしろさが実感できる

　教職の楽しさ・おもしろさは，何かを見て笑い転げる「おもしろさ，おかしさ」ではない。子どもの成長を全力で支援し，その結果，「やりがい」や「達成感」を感じる楽しさ・おもしろさである。実習では「教師が上手に教えると，子どもは目を輝かせる」「教師が真剣に話せば，子どもは必ず心を開く」「同僚と力を合わせれば，生徒指導の問題も乗り越えられる」など，毎日のように，仕事の充実感を味わうことができる。病院の医師が，病気の回復を喜ぶ患者や家族の姿を見てうれしく思う，そんな楽しさ・おもしろさに似ている。

②教わる立場から教える立場への逆転経験ができる

　教育実習で授業をすると，小・中学校や高校時代に，「授業がおもしろくない」「あの先生は教え方がヘタ」などと話していた自分の幼稚さが恥ずかしくなる。事実，子どもの立場で「授業がおもしろくない」「授業がヘタ」と言うのは簡単であるが，子どもに「おもしろくない」「授業がヘタ」と言わせない授業をするのは簡単ではない。教育実習を経験する最大の意義は，この「教えられる立場から，教える立場への逆転経験」をすることである。

③学校組織，教師の職務，子どもの実態，教育活動の実際を知ることができる

　教育実習では，学校の組織運営，教師の職務，子どもの実態，教育活動の実際を，自分の目で観察することができる。実習のはじめの頃は，教師の活動や子どもの様子を少し離れた立場で観察（自然観察）するが，実習が深まるにつれて，いっしょに活動しながら観察（参加観察）する段階へと深化していく。教育実習では，各教科の授業，特別の教科 道徳，外国語活動，総合的な学習の時間，特別活動，学級経営と生徒指導，学校の施設・設備など，学校教育のほとんどすべてを体験的に学ぶことができる。

④「研究」と「研修」の違いが体験できる

　「研究」は文字通りの研究であり，「研修」は研究と修養を意味している。研究では，何かが明らかになったことをもってよしとするが，研修では，研究して明らかになったことを自分の身につける必要がある。研修とは，取り上げた問題に，当事者として主体的に取り組むことであり，第三者的な分析や評論をすることではない。小・中学校の教師が，自分たちの学びを「研修」と呼ぶのは，その問題やテーマから目をそらさず，責任をもって対応するという姿勢があるからである。同じように，病院の医師も，専門医が新しい知見や技術を身

につけるために学ぶのは研修である。教育実習は，教職に必要な知識や技術，考え方や態度を実際の場で身につけるOJT（On the Job Training）である。
⑤学問的知見と教育実践の統合ができる

　教育実習は，大学の教職課程で学んだ学問的知見と自己の教育実践の統合を可能にする機会である。自分が学んだ教育の原理や理論，例えば「問題解決学習」が授業においてどのように具現化できるか，その貢献や課題について体験的に確かめることができる。

　しかし，ここでは，「教育実習校は実験校ではない」ことを肝に銘じる必要がある。授業は，学校が定めた教育課程の枠組みの中で実施されるのであり，教育実習生の興味・関心や研究のために行うのではない。教育には「不易と流行」という言葉があり，時代が変化しても変えないものと，時代の変化に応じて変えるものがある。このため教師は常に，新しい教育理論や指導法を学ばなければならない。しかし，だからといって，子どもの前で無作為な授業の失敗は許されない。それは，児童の教育を受ける権利にまで波及する問題であり，教育実習生が行う授業は，いかなる場合でも，担当の指導教諭の指導のもとで，十分に吟味され，準備されたものでなくてはならない。
⑥自己の能力と適性を振り返り，自己研鑽の課題が発見できる

　教室の前に立って，すべての子どもの視線を正面から受け止めて授業をするのは，はじめのうちは苦痛かもしれない。子どもには笑顔で接しなければならないし，簡潔なわかりやすい言葉で話さなければならない。教材がおもしろくないと，子どもはソッポを向くし，板書の文字も，正しい書き順で，美しく書く必要がある。授業の細部を考えれば考えるほど，果てしなく課題が生まれ，45分という長さに耐え切れないように思えてしまう。

　このような苦しい体験を伴う教育実習には，教職に対する自己の適性や資質・能力を振り返り，自己研鑽の課題を発見する意味がある。教育実習を終えた後，大学で「教職実践演習」を履修するのは，教職を目指す自己の能力と適性を自己評価して自分の課題を見つけ，在学中に，できるだけスキルアップする実務的な意味があるからである。
⑦教職に対する自分の意志や目標をあらためて確認できる

　学生にとって，教育実習の最終的な意義は，教職に対する自分の意志と目標を確認できることである。教育実習を体験し，その苦労や困難さを体験しつつ

も，自分が一生を賭けてやろうと決心できるなら，教職は，間違いなくおもしろい仕事である。その場合は，さまざまな課題や壁を乗り越え，全力で教職の道に進むことを期待する。しかし，「やはり自分には不向き」と思うならば，もう一度自分の進路選択の原点に立ち返り，教職志望そのものを考え直した方がよい。教職は，自分に合っていれば，こんなにおもしろい仕事はないし，自分に合っていなければ，こんなに苦しい仕事はないからである。

この意味で，教育実習は，一時的であるにせよ，子どもの人間形成に関与した貴重な体験になる。これは，自分の人生にとって大きな財産であるとともに，教職に対する自分の意志や目標をあらためて確認する貴重な機会となる。

(2) 教員養成と教育実習の意義

「教育は国家百年の大計」といわれるように，子どもの教育に携わる仕事は，国家や社会の発展にかかわる大切な職務である。教育実習は，その後継者を育てる機会である。

①次の時代を担う教師の後継者を育成する

現職の教師や教育行政機関は，教育実習は次の時代の教師を育成する大事な機会だととらえている。学校の教師は，担当する授業や学級経営だけでも手いっぱいであるから，教育実習生の指導は，できれば断りたいのが本音である。しかし，それでも教育実習生を受け入れるのは，「子どもの教育は，その仕事に生きがいと喜びをもつ教師によってのみ成立する」という熱い思いがあるからである。教育実習生は，この期待に応える必要がある。

②現職教師が新しい教育理論や考え方を学ぶ機会になる

教育実習を受け入れる学校や教師が期待する一つは，大学生が持ち込む新しい教育理論や考え方に，現職の教師として，何か学ぶところはないか確かめられるという点である。現職の教師は，教育の専門家として，日常的に書物や教育雑誌，また研修会で学んでいる。近年では，教職就任10年目ごとに受講する「教員免許状更新講習」によって，大学教員等から新しい教育理論や考え方，指導法などを学んでいる。教育実習においても，学生から何かしら学ぶことはないか，という期待をもって受け入れている側面がある。教育実習生には，大学の教職課程で学んだことを積極的に指導教諭に話したり，現職の教師から実践的な示唆を求めたりすることが期待される。

（長瀬荘一）

3．教育実習の目的と目標

> 　教育実習は「教職に関する科目」に位置づけられ，教員免許状を取得しようとする者は必ず履修しなければならない。教育実習後は，大学卒業前に教師として必要な資質・能力が統合的に身についているかどうかを最終確認する「教職実践演習」を履修する。教育実習では，理論的知識を踏まえて教育実践の実際を学ぶが，「実習は練習ではない」という自覚をもって臨む必要がある。教育実習にあたっては，明確な指導目標と指導計画を立て，さまざまな手法を用いて子どもに教え，その結果を分析・評価して，次の指導に生かす実践的指導力の基礎を学ぶ。

(1) 教職課程における教育実習の位置づけ

　教育実習は，課程認定大学の「教職に関する科目」に位置づけられ，教員免許状を取得しようとする者が必ず履修しなければならない。学生は，大学での事前・事後指導の1単位を含めて，計5単位を取得することになっている。

①教育実習は「教職に関する科目」の一つ

　教育実習は，教育職員免許法と同施行規則で定められた「教職に関する科目」である。同時に，課程認定大学と学校現場，教育委員会が共同して，次世代の教師を育成する機会でもある。教員免許状の取得希望者は，大学での事前・事後指導の1単位を含む計5単位を取得しなければならない。課程認定大学の「教職に関する科目」には，「教育実習」のほかに，「教職の意義等に関する科目」「教育の基礎理論に関する科目」「教育課程及び指導法に関する科目」「生徒指導，教育相談及び進路指導等に関する科目」「教職実践演習」があり，学生は所定の単位を取得する必要がある。各課程認定大学は，教育実習を受けるまでに取得しなければならない科目や単位数を指定している。学生は，指定された科目や単位数を取得したうえで，教育実習を履修しなければならない。

②「介護等体験」は教育実習に該当しない

　小学校，中学校の教員免許状を取得しようとする者は，大学の卒業前に行う

教員免許状交付申請の際に，介護等体験が修了したことを証明する「介護等体験証明書」を提出しなければならない。「介護等体験」は，介護等体験特例法に定められた規定であり，教育実習は，これに該当しない。「介護等体験」は，7日間を下らない日数で行うこととされ，5日間を社会福祉施設で，2日間を特別支援学校で行うのが望ましいとされている。

③教育実習を終えた後で，「教職実践演習」を履修する

　教育実習を終えた学生は，大学を卒業するまでに，「教職に関する科目」の一つである「教職実践演習」を履修しなければならない。この科目は，教職課程の他の科目の履修や教職課程以外の各種活動で身につけようとした資質・能力が，教師として最小限必要な資質・能力として統合的に身についているかどうかについて，課程認定大学が養成する教師像や到達目標等に照らして最終確認を行うために設定した科目である。このため，各課程認定大学で教育実習や事後指導を通して明らかになった課題を重点的に確認したり，必要に応じて補完的な指導を行ったりすることが求められている。

(2) 教育理論と教育実践の統合

　大学の専門科目で学んだ知識は，いわば理論的知識である。それは経験に裏打ちされた知識ではなく，書物で読んだり，大学教員から教わったり，学生同士の討論から得られた理論としての知識である。教育実習は，この教育理論と教育実践を統合する場でもある。

①理論的知識を踏まえて，教育実践の実際を学ぶ

　理論は実践の基礎であり，理論に支えられた実践こそ，教育的な価値が認められる。しかし，教育実習は，教育の実践がしばしば理論どおりにいかないことを教えてくれる。一つの教育理論も，人によって解釈に違いが生まれるし，同じ理論に基づく教え方も一通りではない。一方，教わる子どもの側も，それぞれ能力や適性，興味・関心が異なり，置かれた環境によって違いが生まれる。「教育の実践をする」ということは，教育理論と教育実践の統合を図るということであり，教育実習は，大学で学んだ理論的知識を踏まえつつ，教育実践の実際を学ぶ機会である。そこでは，将来，公教育を担う教師として欠かせない基礎的能力や資質を養うとともに，大学で学んだ専門知識と技能を生かして，子どもとふれあいながら教育実践の実際を学ぶことが大切になる。

②「実習は練習ではない」という自覚をもつ

　教育実習に臨む学生が，特に留意したいのが，「実習は練習ではない」という自覚である。教育実習は，「目の前に現実の子どもがいる点」と「やり直しがきかない点」において，練習とは明らかに異なる。教育実習生からみれば実習であっても，子どもの側からみれば，教育を受ける機会に変わりない。学校の児童は幼く，純真である。そして，感じやすく，染まりやすい。教師の一挙手一投足が，予想を超えるほど子どもに大きな影響を与える。実りある教育実習にするために，また一人ひとりの子どもの教育を受ける権利を保障するために，教育実習生には「実習は練習ではない」という自覚が求められる。

③大学で学び研究した成果を，実習校で実証研究できる機会でもある

　教育実習は，大学の専門科目で学び研究した成果を，教育現場で実証研究できる機会でもある。例えば，グループ学習や問題解決学習の有効性を，授業で実証的に確かめることができる。また，授業で使用した教材を，児童の満足度や効果をデータに基づいて検証することができる。教育実習は，教職を目指す自己を鍛錬する機会であり，大学で学び研究した教育理論と教育現場での実地研究の一体化を図る機会でもある。

　教育実習を感動のうちに終えて大学へ戻ってくると，教職への意欲が一層高まっているはずである。同時に，多くの研修と研究の課題をもって帰ってくる。自分の研究テーマの達成度と課題を整理し，それに継続的に取り組むことによって，大学生活をより有意義なものにすることができる。

(3) 実践的指導力の基礎を養成

　教育実習は，明確な指導目標と指導計画を立て，さまざまな手法を用いて子どもに教え，その結果を分析・評価して次の指導に生かすよう循環していく実践的指導力の基礎を学ぶ機会である。実習校では，学校現場の多くの教師から，これらを学び取りたい。

①自分がわかったつもりで50％，相手にわからせて100％の理解

　「子どもに教える」ためには，「自分がよくわかっている」ことが前提になる。教えたはずの児童が，よくわかっていないということは，つまりは，教える教師自身がよくわかっていない結果である。教育においては，「自分がわかったつもりで50％，相手にわからせて100％の理解」といわれる。児童に話す前，

また授業をする前に，自分が話す内容をよく吟味し，過不足のないように整理することが「子どもに教える」ための第一歩である。教育実習で学習指導案を作成して授業をするときは，指導教師の教えを受ける段階で，教える内容や話す内容が自分の中でどれほど理解できているかの確認ができる。しかし，教育実習では，朝や帰りの学級活動や生徒指導の場など，事前の十分な準備もなく子どもに話す機会が多くある。その場合，目の前にいる子どもにわからせることができて，はじめて100％の理解になる，と自覚して子どもに接する必要がある。

②目の前にいる子どもを理解してこそ，授業や生徒指導ができる

教育の営みは目の前にいる子どもの理解から始まる。教室の前に立ったとき，学級の児童がひとまとまりの集団として見えているときは真の授業は成立していない。一人ひとりの子どもの顔がそれぞれ違って見え，昨日のAさんと今日のAさんが違って見えるとき，一人ひとりを生かす授業が成立する。近年の学校教育で，特に大きな比重を占める生徒指導では，この児童を理解する力が特に大切になる。これは，子どもの生徒指導の現実に多くふれあうことによって身につく力であるから，実習校の教師からできるだけ多く学び取りたい。

③学生気分や子ども気分から抜け出し，社会人の自覚をもつ

教育実習には，学生気分や子ども気分から抜け出し，一人前の社会人や教師としての自覚をもつという意味もある。一時的とはいえ，学校という組織体の一員となるのであるから，自分本位の身勝手な言動は許されない。それは，教育実習に出かけるために，家を一歩踏み出したときから始まっている。児童の貴重な命と学習権を預かっている学校では，常に「社会人である」また「教師である」という自覚をもち，子どもの教育にかかわるさまざまな仕事や課題を自ら見つけ，取り組んでいく主体的で積極的な教育実習が求められる。

(4) 教職志望の意志と適性の見きわめ

教育実習には，次世代の教師を育成するという社会的意義，将来の教師の実践的指導力を育てるという実務的意義，学校教育を研究するという学術的意義がある。これに加えて，教育実習には，自分自身の教職への意志や適性を見きわめるという大切な意義がある。

①教職に対する自分の意志と適性を見きわめる

　教師の仕事は，人格のある児童に，人間として日々接していく尊い仕事である。したがって，教師の仕事が好きであり，仕事にやりがいを感じなくては務まらない。教職は，自分の興味・関心や特性に合っていれば，これほどおもしろく，やりがいのある職業はない。しかし反対に，自分の興味・関心や特性に合っていなければ，これほど苦痛を感じる仕事はない。教育実習は，学校現場での教育実践を通じて，教職が自分の一生をかけて務める仕事かどうかを見きわめるたいへん貴重な機会である。

②実習校の教師と子ども，同期の教育実習生から学ぶ

　教育実習で，教職に対する自分の意志と適性を見きわめることは，単に，自分を反省的に振り返ることを意味しない。それは，自分がイメージしていた小学校の教師像や職務と，教育実習で体験したそれとが一致していたかどうかの見きわめであり，それを踏まえて自らの教職志望の意志や適性を再確認することである。その手がかりとなるのが，実習校で出会った教師と子ども，そして，そこに成立している現実の教育活動である。学生は，そこで出会った人たちとのかかわりや教育実践を通して，教職に対する自らの意志と適性を自分で見きわめることになる。

(5)「教職実践演習」との関連

　「教職実践演習」は，教職課程の履修を通じて，教師として最小限必要な資質・能力を確実に身につけるために，教育実習や事後指導を通して明らかになった課題を確認したり，補完的な指導を行ったりすることを目的として設定されている。このため，すべての科目を履修済み，あるいは履修見込みの時期（通常は4年次の後期）に履修することになっている。そこでは，教師に求められる以下の4項目を含めることが適当とされている。

　1) 使命感や責任感，教育的愛情等に関する事項
　2) 社会性や対人関係能力に関する事項
　3) 幼児児童生徒理解や学級経営等に関する事項
　4) 教科・保育内容等の指導力に関する事項

　「教職実践演習」での学習形態は，講義だけでなく，教室での役割演技（ロールプレイング）やグループ討論，実技指導のほか，学校や教育委員会などと

の協力によって，実務実習や事例研究，現地調査（フィールドワーク），模擬授業などによって実施される．

(6) 教育実習の具体的目標

教育実習には，およそ以下のような具体的目標がある．教育実習生は，教育実習に臨む自己の目標を明確にし，実習校では，それを常に念頭において実習に努める必要がある．

1) 小学校教員の実務を知り，基礎を身につける

　　小学校教員の実務は，児童や教育実習生が想像している内容よりも，はるかに多く，多様である．実習中は，大学生ではなく，教師の立場になって学校教育のあり方を考え，小学校教員の職務を体験する．

2) 授業成立の基本を知り，学習指導の基礎・基本を身につける

　　授業の実践を通して，学習指導の実際を体験する．教材研究，児童の実態把握，授業の実施，授業後の評価と反省など，授業成立の基本を知り，基礎・基本の技術を身につける．

3) 学級経営・生徒指導の実際を知り，学級指導の基礎・基本を身につける

　　朝や帰りの会を含む学級活動の指導を通して，学級経営や生徒指導の実際を体験する．また，児童会活動，クラブ活動，学校行事における，学級指導の基礎・基本を身につける．

4) 児童とのふれあいを通して児童を理解する

　　昼休み，給食時間，放課後は，授業以外で児童とふれあうことができ，児童を理解するためのよい機会である．ここでは，豊かな感受性をもって，児童との信頼関係を構築する．

5) 教育理論の実証的研究をする

　　大学で学んだ教職や教科に関する専門科目の知識と技能を生かして，学習指導や生徒指導など教育の実証的研究をする機会となる．指導教諭とよく相談して，研究を進める．

6) 自らの教職志望の高揚を図る

　　教師の職務を体験し，実際の学習指導や生徒指導を通して，教員志望の意欲がさらに高まることが望ましい．また，大学での教育研究が一層充実発展することが望ましい．

（長瀬荘一）

4．教育実習に向けて

　教育実習は，第1週の観察実習，第2週～第3週の参加実習，第4週の授業実習に区分される。観察実習では，学校の実態，教師の職務や教育活動，児童の実態，学校行事やその他の教育活動を学ぶ。参加実習では，教師の仕事の実際を体験し，学級の児童全員とコミュニケーションを図る。授業実習では主体的に教材研究を行い，45分の授業を実際に行う。教育実習の内容は，学校の概要と学校経営，教育課程，各教科の学習指導，特別の教科 道徳，外国語活動，総合的な学習の時間，特別活動，学級経営と生徒指導，発達障害のある児童への対応，などである。

(1) 教育実習の形態

　4週間の教育実習は，時期によって，大きく三つに区分される。はじめの第1週は，教育実習の導入期である。ここでは，児童の学習と生活，教師の職務と教育活動の実際を観察によって学ぶ「観察実習」が中心になる。教育実習の中盤にあたる第2週から第3週にかけては，さまざまな教育活動に実際に参加する「参加実習」が行われる。はじめのうちは，部分的，基礎的な参加にとどまるが，徐々に本格的な参加実習へと移行していく。最後の第4週は，教育実習の仕上げの時期である。4週間にわたる教育実習の成果を示す時期であり，45分間の授業を担当する「授業実習」が中心になる。

①観察実習

　観察実習は，厳密にいえば，第1週から第4週までの教育実習全体を通して行われる。中でも導入期の第1週は，児童と教師の動き，その間に成立している教育活動を観察することが，特に大切な時期である。ここでは，指導教諭の補助を務めながら児童の学習と生活の実態を知り，教師の職務や教育活動の実際を自分の目で確かめる。この観察実習は，授業や学級活動など，自分が後で行う参加実習の基盤になる。観察実習によって，子どもと接するときの基本姿勢，授業の立案や進め方，また発問や板書の仕方など，参加実習の具体的な手

がかりを得るのである。

観察実習で大切なことは，児童や教師の行動を，ただ漫然と見るのではなく，そこに込められた意味や意図を考えながら観察することである。そこで気付いたことや考えたことは，自分の記録として大切に保存する。教育実習日誌に書き記して，指導教諭の助言をいただくと，その観察は，より確かな実習体験になる。それは，自分の貴重な教育的財産として残っていく。

教育実習の観察の対象は，学校の実態や教師の職務から児童一人ひとりの様子に至るまで，実に多岐にわたる。主な観察の対象は，以下のとおりである。

a）学校の実態
- 沿革，校訓，教育方針，教育目標，教育課程，学校行事
- 教職員の組織，校務分掌，児童数，学級編制
- 施設・設備，非常災害時の体制，危機管理マニュアル

b）教師の職務，教育活動
- 学級経営に関して：学級経営の方針，学級目標，学級経営の実際，日々の仕事，生徒指導（集団指導，個別指導），教室環境と整備状況
- 授業に関して：授業計画，授業準備，授業内容（学習展開，教師と児童の活動），学習形態，教材・教具，発問，板書，机間指導，個人差への対応，機器利用，学習評価

c）児童の実態
- 学級集団として：全体の雰囲気（仲のよさ，けじめ），学習の状況，生活の状況，仲間関係，係活動，当番活動，障害のある子
- 個人として：興味・関心，知的発達，身体的発達，学習の様子，生活の様子，友人関係，学級活動，児童会活動，クラブ活動など

d）学校行事，その他の教育活動
- 運動会，学習発表会，遠足，社会科見学，自然教室，交通安全教室，防災訓練
- 幼稚園との交流，中学校との交流，地域との交流

②参加実習

参加実習では，指導教諭の指導を受けながら，教師の仕事の実際を体験する。給食指導や清掃指導は，子どもの観察を兼ねながらできるため，教育実習の早期の段階から行われる。子どもといっしょに給食当番や清掃活動をしながら対

話をすると，観察実習では全く気付かなかった子どもの一面に接して驚くことがある。参加実習は，運動会や学習発表会などの学校行事，社会科見学や防災訓練などでも行われる。自分から機会を見つけて，積極的に子どもとかかわることが望ましい。

　子どもとふれあう参加実習で気をつけたいことは，自分から進んで担任教師や教育実習生に近づこうとする子どもがいる一方で，それをためらう子どもがいることである。教育実習生は，自分に近づいてくる子どもばかりを相手にしがちである。自分の遠くの方にいる子どもにも注意を向け，学級の児童全員と，平等にコミュニケーションを図ることが大切である。

　学級全体を対象にした参加実習は，「朝の会」や「帰りの会」など短時間の学級活動からはじまる。教育実習生は，そこで司会をしたり，家庭への連絡事項を伝えたり，児童が連絡帳に書いたことを確認したりする。

　参加実習は，以下のような場面で行われる。それまでの観察実習や指導教諭に教わったことを思い出しながら，教師の職務を体験する。

　a）各教科の授業：個別の支援，教材・教具の準備，テストの処理
　b）特別の教科 道徳・外国語活動・総合的な学習の時間：個別の支援，教材・教具の準備
　c）特別活動：学級活動，児童会活動，クラブ活動，学校行事
　d）学級経営：朝・帰りの会，清掃，給食，飼育，係活動，当番活動，教室の整備
　e）休み時間：昼休み・放課後の児童とのふれあい
　f）生徒指導：登下校の安全指導，給食指導，清掃指導，児童会活動，クラブ活動
　g）教員の勤務：校務分掌の補助，学級事務，PTA活動，地域連携

③授業実習

　授業実習では，指導教諭の指導のもとで，45分間の授業を実際に行う。教育実習生は，自ら主体的に教材研究を行い，「単元設定の理由（教材観・児童観・方法観）」「単元の指導目標」「単元の指導計画」「本時の主題」「本時の目標」「準備」「学習指導過程」などを，学習指導案としてまとめる。

　「単元設定の理由」：単元設定の理由や趣旨など
　　（教材観）・教材の意義・理由を，指導者がどのように考えるか

　　　　　　・教材は，どのような内容か
　　　　　　・既習事項や他教材との関連はどうか
　（児童観）・児童の実態，興味・関心，能力，態度など
　　　　　　・表面的な印象ではなく，実態や調査に基づいて
　（方法観）・児童の実態に応じる対応の仕方，指導のポイントなど
　　　　　　・教材の扱い方，学習過程の組み方，機器の活用，学習形態など
「単元の指導目標」：各教科「観点別学習状況」の評価の観点に沿った４〜５
　　　　　　　　　観点
「単元の指導計画」：単元全体の指導計画で，次時，本時を設定
「本時の主題」：担当する授業（１時間）の主題名
「本時の目標」：担当する授業（１時間）の重点目標，２〜３項目
「準備」：授業で使用する教材，教具，機器など
「学習指導過程」：教師の指導と支援，児童の学習活動，指導上の留意点，時
　　　　　　　　間配分，評価の観点・方法など

　教材研究が自分なりにできたら，指導教諭に報告して指導助言を受け，指摘された箇所を改善する。そして，いよいよ授業実施の準備に取りかかる。45分間の授業を展開するために，教材・教具の作成，発問や板書の計画，機器の利用など，以下の準備を行う。
　a）学習形態　　b）教材・教具　　c）説明，示範，発問　　d）板書
　e）機器　　f）個別支援　　g）学習評価

　授業実習では，これらの準備をほとんど自分一人でするので，指導教諭の助言を受けながら，早め早めに準備することが肝心である。授業実習が終わった後は，指導教員から授業の評価と指導助言を受け，自分の授業力の向上に努める。教育実習の最終盤には，校内全体に向けた研究授業が設定されることが多い。そのときは，校長・教頭を含めた全教員に案内を差し上げる。授業後の授業研究会では，さまざまな視点から評価や助言をいただくので，教職を目指す教育実習生にとって，たいへん有意義な機会になる。

(2) 教育実習の内容

　教育実習は，学級の児童とふれあったり，授業をしたりすることだけではない。学校の概要や教育方針を学んだり，施設・設備の状況を知ったり，クラブ

活動や学校行事に参加したりすることも含まれる。授業実習も，国語，社会，算数などの各教科だけではなく，特別の教科　道徳や学級活動の指導もする。

教育実習の主な内容は，およそ以下のとおりである。

①学校の概要と学校経営

　学校の概要とは，創立された以降の歴史である沿革，校訓，教育方針，施設・設備などを含めた，以下のような内容をいう。

- 学校の沿革，教職員数，児童数，学級数，施設・設備，通学区域，家庭や地域社会の状況など
- 校訓，教育方針，教育目標，教育課程，教職員の組織，校務分掌，校地・校舎の管理など

　学校の教職員の組織については，学校教育法第37条に，「小学校には，校長，教頭，教諭，養護教諭及び事務職員を置かなければならない」と定められている。学校によっては，このほかに，副校長，主幹教諭，指導教諭，栄養教諭，その他必要な職員が配置されている。「その他必要な職員」には，栄養教諭，学校用務員のほか，学校医，学校歯科医，学校薬剤師などが含まれる。学校管理職とは，校長，副校長，教頭のことである。

　教職員の校務の分担を一覧にして示したのが，校務分掌表である。この表は，校務を整理・分類し，仕事の範囲やその責任と権限を明確にするために作成され，職員室の壁面に掲示されている。

②教育課程

　教育課程とは，学校教育の目的や目標を達成するために，教育の内容を児童の心身の発達に応じ，授業時数との関連において総合的に組織した学校の教育計画のことである。各学校は，児童の実態や地域の実情等を踏まえ，学校教育の目標を実現するために，学習指導要領等に基づいた教育課程を編成し，実施・評価と改善を行っている。

　小学校の教育課程は，小学校学習指導要領に基づいて，各教科（国語，社会，算数，理科，生活，音楽，図画工作，家庭，体育，外国語），特別の教科　道徳，外国語活動，総合的な学習の時間，特別活動について編成されている。各学校では，各学年のそれぞれの「年間指導計画」として示されていることが多い。

③各教科の学習指導

　各教科の学習指導は，各学校が定めた教育課程に基づいて行われる。学習指

導の中心は授業であり，学習展開の構想・立案，指導の計画，教材・教具の準備，学習評価など，教育実習の中で，最も多くの労力が費やされる。
1) 教材研究をするときは，指導目標，指導内容，指導方法，指導上の留意点，評価法などを，具体的にイメージしながら検討を進める。
2) 学習指導案を作成するときは，児童の実態をよく理解し，単元の指導目標，単元の指導計画，本時の主題，本時の目標，準備物，教師の指導と支援，児童の学習活動，指導上の留意点，時間配分，評価の観点・方法などを，一つひとつ決定していく。学習指導案には，通常の指導案のほかに，発問や予想される児童の反応などを詳細に記述した「細案」と，大まかな学習展開だけを記した「略案」がある。それぞれに理由や目的があるので，指導教諭の指導のもとで，必要な学習指導案を作成する。
3) 学習評価については，学習指導過程の，どの場面で，何について，どのようなやり方で評価するのかについて，その観点や方法を明確にしておく。

④特別の教科 道徳

　道徳教育は，道徳科だけでなく，各教科，外国語活動，総合的な学習の時間，特別活動を含めた，学校の教育活動全体を通じて行われる。そこでは，自己の生き方を考え，主体的な判断のもとに行動し，自立した人間として他者とともによりよく生きるための基盤となる道徳性を養うことが目標である。

　道徳教育を進めるときは，人間尊重の精神と生命に対する畏敬の念を家庭，学校，その他社会における具体的な生活の中に生かし，豊かな心をもち，伝統と文化を尊重し，それらをはぐくんだわが国と郷土を愛し，個性豊かな文化の創造を図るとともに，平和で民主的な国家および社会の形成者として，公共の精神を尊び，社会および国家の発展に努め，他国を尊重し，国際社会の平和と発展や環境の保全に貢献し未来を拓く主体性のある日本人を育成するようにする。

　特別の教科 道徳は，学校の教育活動全体を通じて行う道徳教育の要となる時間である。道徳教育の目標に基づき，よりよく生きるための基盤となる道徳性を養うため，道徳的諸価値についての理解をもとに，自己を見つめ，物事を多面的・多角的に考え，自己の生き方についての考えを深める学習を通して，道徳的な判断力，心情，実践意欲と態度を育てるようにする。

⑤外国語活動

　外国語活動では，外国語によるコミュニケーションにおける見方・考え方を

働かせ，外国語による聞くこと，話すことの言語活動を通して，コミュニケーションを図る素地を育てるために，次のような指導を行う。
  1) 外国語を通して，言語や文化について体験的に理解を深め，日本語と外国語との音声の違い等に気付くとともに，外国語の音声や基本的な表現に慣れ親しむようにする。
  2) 身近で簡単な事柄について，外国語で聞いたり話したりして自分の考えや気持ちなどを伝え合う力の素地を養う。
  3) 外国語を通して，言語やその背景にある文化に対する理解を深め，相手に配慮しながら，主体的に外国語を用いてコミュニケーションを図ろうとする態度を養う。

⑥総合的な学習の時間
　総合的な学習の時間では，探究的な見方・考え方を働かせ，横断的・総合的な学習を行うことを通して，よりよく課題を解決し，自己の生き方を考えていく資質・能力を育てるために，次のような指導を行う。
  1) 探究的な学習の過程において，課題の解決に必要な知識および技能を身につけ，課題にかかわる概念を形成し，探究的な学習のよさを理解するようにする。
  2) 実社会や実生活の中から問いを見いだし，自分で課題を立て，情報を集め，整理・分析して，まとめ・表現することができるようにする。
  3) 探究的な学習に主体的・協働的に取り組むとともに，互いのよさを生かしながら，積極的に社会に参画しようとする態度を養う。

⑦特別活動
　特別活動では，集団や社会の形成者としての見方・考え方を働かせ，さまざまな集団活動に自主的，実践的に取り組み，互いのよさや可能性を発揮しながら集団や自己の生活上の課題を解決することを通して，次のような指導を行う。
  1) 多様な他者と協働するさまざまな集団活動の意義や活動を行ううえで必要となることについて理解し，行動の仕方を身につけるようにする。
  2) 集団や自己の生活，人間関係の課題を見いだし，解決するために話し合い，合意形成を図ったり，意思決定したりすることができるようにする。
  3) 自主的，実践的な集団活動を通して身につけたことを生かして，集団や社会における生活および人間関係をよりよく形成するとともに，自己の生き

方についての考えを深め，自己実現を図ろうとする態度を養う。

⑧学級経営と生徒指導

　学級経営は，学級経営方針の決定，学級目標の設定，学級の組織づくりなど，学級担任によって意図的計画的に行われる。教育実習生が接する日々の学級経営には，朝の会や帰りの会，清掃，給食，飼育，当番活動，教室環境の整備などの運営と指導がある。また，昼休みや放課後などでの児童とのふれあいや談話なども，広い意味での学級経営である。学級経営には，生徒指導の側面があり，学級全体や班などを対象にした集団指導と，個々の児童を対象にした個別指導がある。集団指導では，学級の組織つくり，保健・安全指導，道徳・特別活動等の指導，また，学級集団全体からみた人間関係や規範意識などの指導を行う。個別指導では，一人ひとりの身体の状況，知的発達，社会的発達，情緒的発達などの個別的理解，また，対象児童との面談や家庭との連携などを行う。

　生徒指導は，児童の人格のよりよい発達と，学校生活を有意義で充実したものにすることを目的としている。いじめや不登校などの不適応行動がみられる場合は，その原因となる情報を迅速に収集して対応する。その場合，教師間の意思疎通を密にして，学校全体で取り組んでいくことが大切である。教育実習生が指導をするときは，必ず指導教員の指導と監督のもとで行うようにする。

⑨発達障害のある児童への対応

　2007（平成19）年4月から，「特別支援教育」が学校教育法に位置づけられ，すべての学校において，障害のある幼児児童生徒の支援をさらに充実させることになった。「特別支援教育」とは，障害のある幼児児童生徒の自立や社会参加に向けた主体的な取り組みを支援するという視点に立ち，幼児児童生徒一人ひとりの教育的ニーズを把握し，そのもてる力を高め，生活や学習上の困難を改善または克服するため，適切な指導および必要な支援を図ろうとするものである。特別支援教育が対象とする障害は，視覚障害，聴覚障害，知的障害などに加えて，学習障害（LD），注意欠如・多動性障害（ADHD），自閉症スペクトラム（ASD）等の発達障害も含めるようになっている。実習生は，在籍する子どもの障害の状態，授業の様子，指導計画や評価，交流学習などについて学ぶとともに，学校において，どのような教育目標が掲げられ，特別支援学級において，どのように具現化されているのかを学んでいく。

（長瀬荘一）

5. 実習校の決定まで

> 2006（平成18）年の中央教育審議会答申において教員養成課程における教員養成の改革が示された。教育実習においては大学と実習校との連携を図り，大学には学生の適性や意欲を見きわめるなどして責任をもって送り出すことが求められた。大学での指導において十分な成果が認められない学生には実習の参加を認めないなどの措置も必要とされ，厳しい目が注がれている。このような状況を踏まえると，実習の手続きや依頼を単なる事務的な作業ととらえるのではなく，大切な教育実習の一つだと認識してもらいたい。

(1) 受け入れの動向

　教職科目の履修者が増加する中で資格の一つとして教員免許を得るという安易な気持ちで教育実習に参加する学生が増加しており，教育現場では日常業務の多忙化に拍車をかける事態を招き，実習生を受け入れることへの拒否感も出てきている。地方自治体によっては教員採用試験の受験を実習受け入れの条件としているところもある。このような状況はあるものの次代の教育を担う人材を養成しようと熱意のある学校がほとんどで，若く，やる気のある実習生が学校に来ることによって児童や教職員によい影響を与えることも多いことから，実習生の受け入れを積極的にとらえる学校が多い。

(2) 教育実習までの流れ

①教員免許の取得に必要な科目の履修

　教員免許状を取得するためには，課程認定大学において教員免許法に定められた所定の科目を履修し，単位を修得する必要がある（表5−1）。
　大学によっては各科目の設置状況が異なるため，教員免許取得を目指す場合には入学時に長期的な履修計画を立てる必要がある。大学における単位取得を必要とされる科目は，教師として最小限必要な知識を身につけ，教育全般や専

表5-1　大学において修得を必要とする最低単位数（小学校教諭）

基礎資格	専修免許状	一種免許状	二種免許状
	修士の学位を有すること	学士の学位を有すること	短期大学士の学位を有すること
教科に関する科目	8	8	4
教職に関する科目	41	41	31
教科又は教職に関する科目	34	10	2

〈教育職員免許法　別表第一（第5条，第5条の二関係）による〉

門科目に関する理解を深めるものである。単位を取得するだけでなく大学で身につけた知識を教育の現場で生かすことを目標に授業に臨みたいものである。免許取得に必要な教育実習の単位数には，「事前指導および事後指導」の1単位も含まれる。教育実習が始まる前の事前指導，終了後に大学で行われる事後指導の単位も必ず修得しなければならない。

(3) 実習校の選定等

　大学において所定の単位を修得したのち教育実習に参加することになる。実習校については大学が指定した実習校へ配属される場合や，附属学校のある大学は附属学校で実習を行う場合，大学が設置されている地方自治体の公立学校に配属される場合，出身小学校で行う場合などさまざまである。近年，教育実習の充実を図るため出身小学校での実習を避けることが望ましいとされているが，課程認定大学の諸事情により状況は異なっている。いずれにしても各大学で行われる実習に関する説明会などを踏まえ，実習までに必要な手続きを確認し遺漏のないようにしなければならない。

(4) 教育実習校の依頼（口頭内諾）について

①自分で依頼する場合

　学生自身が責任をもって実習校を確保するというのが一般的である。ただし，近年，一部の自治体で公立学校については大学から教育委員会への一括申請というかたちをとる自治体もある。自身の出身小学校で実習を行う場合は，実習校の内諾を得る必要があり，実習校の管理職に実習の依頼をし，内諾が得られ

たら大学の指示に従い必要な手続きを行う。

　その後，大学から実習校に送付される正式依頼の書類をもって実習校が決まっていく。各地方自治体や実習校によっては，「誓約書」「風しん・麻しん」の抗体検査の結果を送付しなければならない場合もある。特に，通信教育課程を利用して免許状を取得しようとする場合は，各地方自治体の示す実習の条件等を把握しておくことが必要である。例えば，実習の申し込みの締め切り期日や申し込み方法など各地方自治体によって異なっているため，事前に問い合わせをするなどして確認しておくことが必要である。

（長瀬善雄）

6．小学校現場からの声

> この章では，前半は，実習生への要望。後半は，教員養成系学部への要望である。実習生の項では，教師である前に人としてのあるべき姿と，教師としての児童へのかかわり方と授業づくりにおける視点を示した。教員養成系学部の項では，学齢期児童の発達，生徒指導上の留意点，各教科の特性，授業の実際と指導案の書き方について述べている。そして現在，小学校現場はどう変化してきているのか。そこで，どのような状況でも柔軟に対応できる教師になるためには，教育実習で何が必要なのかを，概説した。

(1) 実習生に望むこと

　私は３年目の小学校長である。本年度より２校目となる今の小学校に転任した。児童数は510名で，各学年３学級規模。国道２号線沿い南の神戸市東灘区本山南地区に位置する学校である。校区は歩いて30分で回ることができる。その狭いエリアに市営住宅とマンションが混在している。家庭の教育力はあり，下町の雰囲気の残る心優しい地域である。

　これ以降，教育実習を終え教師になるという前提で進めていきたい。ぜひ教師になってほしいと思うからである。厳しい話もする。だからこそやりがいのある仕事なのだと思う。

① 「元気な挨拶」で「つながる」

　教師である前に一人の社会人としてのモラルをもつ。その人となりは挨拶の声を聞けばすぐわかる。礼節を重んじる意味での挨拶であるが，人が「つながる」ための第一歩として，「自分から」「相手の目を見て」「明るい声で」できるようにする。教師は忙しい。まさに体力勝負である。基礎体力をしっかりつけておくことも必要である。だからこそ元気な挨拶が大切である。できない人は「自己を変えること」である。挑戦してみる。暗い顔では，どんな仕事にもつけない。人として，これからは最低限の「つながる」が重要となる。

② 「教師である」は「温かさ」

　実習生といえど,「教師である」とはっきり認識してほしい。人であり教師である。いつでも見られている。校外においても, また言動は無論服装もである。そして, 児童とふれあうためには, 安心できる「何か」がいる。「話しかけたい」と思う雰囲気は自然と生まれるものではない。児童も人。人と心を通わせるために一番必要なものは「温かさ」である。簡単には身につかない。教職の専門的な知識以外に, 広い視野に立った教養や度量がいる。そういう意味では, 学生の間にアルバイト等他職業を経験しておくこともよいと考える。

③ 「生活」は「学級経営」

　生活の基本は人権意識である。つまり, 隣の席の友達をどれだけ大切にできるかということである。隣ができないのなら, 学級全体は無理である。それが「学級経営」である。やさしくするのでも厳しくするのでもない。「気にかける」「違いを知る」のである。足が速い, 計算が得意, 給食が好き。よいことだけではなく, 全てを認めることである。それには実習4週間では厳しい。顔合わせ時と1週間前に参観することを提案する。全員の名前をエピソードつきで覚える。びっくりすることから「つながる」「認める」きっかけとなる。

　また, 担当の教室だけでなく, 他の教室も参観に行く。そこで多くの「つながる」「認める」工夫が見られる。児童には嗅覚がある。よい感じだと「この先生は何者？」と寄ってくる。「こういう者だ！」と見せればよい。何が得意で, 何が苦手かなど。教師にも苦手はある。それを児童に告げることで「先生の秘密を知った」と思い, 親近感をもつものである。

④ 「学習」は「授業」

　休み時間や給食時間, また運動会や音楽会等の学校行事もある。しかし, 一日の多くは授業時間である。この「授業」が充実していれば, 児童は落ち着き安心する。「期待の登校, 満足の下校」ができる。ではどうすれば充実した授業ができるのか。まず, 個々の児童の学習状況を知ること。得意科目は児童によって違う。次に, 教科書を読み, その1単元とその1時間の授業での目標を決めること。どのような教材で, どのように進めて, どこまでつかませるのかを明確にする。最後に, 指導案を書くこと。略案でよいので毎時間書いてみることが大切である。授業というものは, 実際に記述して整理してみないとわからない。

(2) 教員養成系学部に望むこと

　教師としての資質をはぐくんでいくことは難しい。生まれつきもっているセンスもある。ここでは，教育実習を終えて，教師になるうえで必要となることを記述する。

① 「学齢期の発達段階」の学習

　小学校は1年生の6歳児から6年生の12歳児までがいる。6年間とその幅が広いのが特徴である。取り組みを間違えると，かなりの発達の差が生まれてくる。特に発達に何らかの遅滞がみられる場合，1年生時では「小さいうちはみんなこんなもの」といって，保護者が関係機関との連携を怠ってしまうケースが多い。気になるのであれば「つながる」べきである。発達段階と照らし合わせて，遅れがあるのではないかという気付きができることは，これからの小学校現場では必要である。実習生であっても目はもっておいてほしいと願う。

② 「生徒指導上の問題行動への対応」の学習

　小学校の場合，教師反抗・けんか・指導不服従・授業放棄は減少傾向にある。ただ中学校はもっと減少している。つまり低年齢化してきている。いわゆるガキ大将は存在せず，リーダー不在の烏合の衆である。家庭はほぼ夫婦共働き，金だけ与え愛情を与えていない。そもそも保護者が親になりきれていない。もとをたどれば，皆一人ぼっちで寂しいのである。そこへ，教師も採用の二極化を迎え，ベテランか若手かで中をつなぐ年齢の人がいない。また臨時講師も多く，学級経営も授業づくりもうまくいっていないところが正直ある。

　だからこそ，児童も保護者も教師も一致団結する必要がある。無論私のような管理職の腕が試されていることは当然である。ただ続けて教師集団の後押しは必要である。保護者と争うのではなく，言うべきことは言い，引くべきところは引く。常に児童のことを一番に考え，ともにはぐくんでいくことが大切である。まさに「教育は共育」であると思う。

　また，生徒指導上の問題行動といえば，「いじめ」の問題がある。調査によるといじめていた児童も過去にいじめられていた経験があることが多い。いじめの連鎖，悪循環は断ち切らなければならない。実習生だからこそ，担任教師では気付けない児童の「モヤ」が見える。この「モヤ」を見かけたら，できるだけ早く担任に伝え，対応できればと考える。

③「各教科の特性・特質」の学習

　学習指導要領の改訂に向けて,「関心・意欲・態度」から, 学びを人生や社会に生かそうとする「学びに向かう力・人間性」の涵養が打ち出される。さまざまな社会の変化を受け止め, 感性を豊かに働かせながら, どのような未来を創造していくのか, どのように社会や人生をよりよいものにしていくのかを考えるのである。そのために, 学習を「主体的・対話的で深い学び」に改善していく。

　その「深い学び」は, 各教科で習得する概念や考え方を活用する必要がある。この概念や考え方は, 教科の特性における「内容」と「方法」であると思う。算数科を例にあげれば,「内容」は「関数の考え」「空間概念」,「方法」は「一般化」「演繹的（帰納的）な考え」である。詳しくは各教科の専門科目で学ぶことであろう。ただ, これからの小学校では, 広く浅くにはなってしまうが, 全教科の特性・特質をつかんでおく必要性を感じる。

④「授業づくりの視点と指導案の書き方」の学習

　いよいよ授業を行う。ただ, 授業づくりの視点と指導案の書き方は知っておいてほしい。

　授業は「課題提示→見通し→自力解決→集団思考→練り上げ→まとめ・振り返り」の6場面がある。見通しと自力解決, 集団思考と練り上げは同分節として, これを授業の4分節という。解いてみたいと意欲の湧く「課題提示」。教師も楽しめる課題がよい。答えがわかってしまってもその解決への過程を大切にする「見通し」であってほしい。「自力解決」はわからないところさえもわからない児童もいるので配慮が必要である。「集団思考」は今一度全員で問いを共有することである。「いいですか」「いいです」ではない。焦点のずれた「練り上げ」ではいけない。いつでも使えるいくつかの方法を検討する。教師の意図する方向に引っ張ることなく, 絞り込みを図るのである。「まとめ・練り上げ」は授業の感想だけではいけない。課題解決に立ち返り, 自身の学びの物語を辿れることを大切にしたい。

　指導案には, 単元目標・評価観点・指導にあたって（児童観→教材観→指導観）・単元計画・本時構想・本時目標・本時展開の順に記述する。「指導にあたって」の部分は, まず児童観で, その単元・授業をする前の児童の学びの姿を記述する。次に教材観で, その教材の価値を書く。最後に指導観で, そのよう

な学びの姿の児童に，その教材で，どのように指導していくのか，具体的な手立てを記述する。本時構想も同じように，前時までの児童の見取りから，本時部分の教材の価値，実際本時でどのような手立てを仕組むのかを書く。特に授業後半の「練り上げ」または「まとめ・振り返り」で，考えを収束させていく指導が重要である。本時展開には，学習の目標，児童の予想されるつぶやき，それを引き出す手立て，その評価基準と方法を明確に記述するのである。

　確かに授業は難しい。しかし教育実習前に，指導案を一度は全員書いておいてほしい。書いてみるとなかなか奥深いものである。その指導案をもとに，児童役を仲間がして，模擬授業をやってみる。「授業は生き物」で何が起きるかわからない。「教材7割，腕3割」。授業で実習生も教師も学ぶのである。そして，それを楽しむことこそ大切であると考える。

（加藤紀久）

〈引用・参考文献〉
- 尾﨑正彦（2016）『アクティブ・ラーニングでつくる算数の授業』東洋館出版社
- 伊藤邦人（2016）『認知能力と非認知能力を育てる算数指導―若い算数の先生に』黎明書房

7．実習中における積極的な学び

> 実習生にとって学校現場は大学だけでは学修できない学びの宝庫である。日々同じことの繰り返しのように見えても，よく見ると変化の連続であり，日常の隅々に学ぶべきことがたくさん潜んでいる。この章では，実習中の積極的な学び，つまりどんな場面で，何を，どのように学んでいくかについて概説した。子どもたちや配属学級担任との信頼関係につなげるかかわり方，また，実習生としての立場やその心構えなどについても具体的な事例をあげながら述べている。さらに，一つひとつの教育活動にはそれぞれのねらいや意味があることにもふれている。

(1) 積極的な実習態度

　学校での実習を充実した学びの場にできるかどうかは，実習生の心構え次第である。一つでも多くのことを学び取ろうとする志が高ければ高いほど，学びに広がりと深さが生まれ多くの成果が得られるようになる。また，実習をさせていただく際の誠実さや真摯な態度は，子どもたちや配属学級担任にその人柄が伝わり，よりよい学びへと広がっていく。あわせて，受け身の姿勢だけではなく，自ら課題を見つけ挑戦しようとする積極的な姿勢こそ，より豊かで質の高い多くの指導を受けるチャンスを得ることにつながっていく。学校では，確かな目的意識や意欲が見えない実習生は決して歓迎されることはないと言っても過言ではない。学校は子どもたちの夢や希望や意欲を育てるところだからである。

①教師の一日の理解と実習生の役割

　学校に行くと，教師は常に動きながら仕事をしている。各教室をはじめ，運動場や廊下・階段，手洗い場やトイレなど学校中のあらゆる場所に教師の姿があり，子どもたちと積極的にかかわる様子が目に飛び込んでくる。教師の仕事は，量的にも時間的にも実に多様で限りがないことを実感するであろう。まず教師がいつ，どこで，どのようなことをしているのか，一日の仕事の流れやそ

の職務内容を注視しつつ具体的に理解することが大切であり，それを体験することが教育実習の大きなねらいの一つでもある。

登校にはじまり，朝の会，授業，教室移動，休み時間，給食，清掃，当番活動，終わりの会，放課後，下校など子どもの活動は，学校生活に変化をもたせるために多様に区切られている。それぞれの活動には個々の意味とねらいがあり，そのねらいの達成に向けて場面に応じた適切な指導を行っているのである。その時々で子どもの様子を察知して適切に判断し，褒めたり叱咤激励したりしながら，機を逃さずに対応しなければならない。素早い対応ができるか否かが問題の解決の大きなカギとなってくる。

例えば，成長過程にある小学校においては，子ども同士のからかい・喧嘩・いじめ等のトラブルはどの場面で起きてもおかしくなく，日常茶飯事である。担任は子どもたち一人ひとりの学校生活にすべて責任をもって育てなければならない立場にあるため，小さなことでも見逃さず，ぶれることのない確かな方針をもった指導が求められる。また，問題の内容によっては一場面だけで判断するのではなく，一連の学校生活全体を多面的にとらえながら，子どもの本当の姿や事態の本質を見抜いていくことも大切になってくる。

実習生であっても子どもにとっては担任と同じ「先生」である。相互の信頼関係が深まるにつれて，子どもたちはもめ事の相談に来たり，トラブルの仲裁を求めてきたりするようになる。状況によっては，担任と同じように即座に指導しなければならないこともあるが，その指導した内容に責任をもつのは担任である。

したがって，すべてを自分で判断し指導するのではなく，担任にきちんと「報告」・「連絡」・「相談」をした後，指示を得ながら指導や助言を行うことが肝要である。そのことを踏まえて子どもの活動の中に積極的に入り込み，ともに汗をかきながら児童理解に努めたい。子どもたちは，いつもそばにいてくれる人には親しみを感じ，心を開こうとするものである。子どもと担任との橋渡しに徹することが，実習生としての基本的なスタンスであり役割であるといえよう。

②指導を受ける立場であるという自覚

学校は学びの空間であり，成長の場である。受け入れてもらえる以上，より多くを学び今後の成長につなげたいと願うのは，すべての実習生にとって共通の思いであろう。学ぶうえで空気を読み過ぎて遠慮したり，躊躇したりする必

要は全くない。常に自ら求めて積極的な学びの場にしていきたいものである。どんなに忙しくても，ていねいに求められれば自分のことは後に回し，懇切ていねいに教えようとするのが，教師たちの基本姿勢である。

　しかしながら，それはどの学校にとってもあてはまることではない。とりわけ小規模校や課題のある学校などにおいては，年間指導計画に基づいて通常の教育活動が行われている中で実習生を受け入れること自体，余裕がなくなり大きな負担となっているのも事実である。そのことを謙虚に受け止め，常に感謝の気持ちをもち，指導を受ける立場であるという自覚をもって取り組まねばならない。時間を割き指摘されたことに対し，聞く耳をもとうとしなかったり，独りよがりになったりすることのないように留意したい。

　実習も後半にさしかかり指導に自信がついてくる頃になると，「一日担任」などと称して登校から下校までのすべてを任される場合もある。それは，決して学級そのものの運営をすべて任されているのではなく，あくまでも担任としての仕事の内容をトータルで体験することを許されるということである。ある程度自分で判断し，率先して取り組む頻度も多くなるが，その際も必ず担任に相談しながら取り組むようにしたい。

　特に，虐待やネグレクトなどの家庭環境にかかわる問題やその他の個人情報に関することなどで相談を受けたとき，深入りしたり心の悩みなどをメール等でやりとりしたりすることのないように気をつけたい。担任が経緯を知らないうちに事態が悪化し，説明ができなくなるという事例は数多く報告されている。慎重にかつ細心の注意を払い，ときには一歩引きつつ，指導を受ける立場であることを忘れないことである。

③一日の反省と自己課題の整理

　実習期間中の一日は，長いようであっという間に目まぐるしく過ぎていく。一つひとつが新しいこととの出会いで驚きや発見の毎日である。一日が終われば，またすぐ明日の計画や準備のために振り返る余裕もないことが多い。それでも，一日の反省や課題はその日のうちにきちんと整理しておきたい。そのことが大きな学びにつながり，確かな力となり，かけがえのない財産となって積み重なっていくことになる。できる限り，記憶が新しいうちにきちんと記録し，いつでも見直しができるようにしておくことが大切である。

　自己課題については，「これだけは身につけたい」とか「こんな内容を深め

たい」といった実習全体を貫くものをあらかじめ的を絞って設定しておきたい。授業実践や児童理解等に関するものが多くなるであろうが，めあてをもった意識的な取り組みが必要である。実習終了後には，実習ノートに自分なりの一定の成果としてまとめることとなるが，そのためにも，観点を明らかにした振り返りができるよう日々のまとめをきちんとしておきたい。それらの内容は，教員採用試験の面接などで問われる内容と直結していることが多い。教師を目指す自分自身の教育観，児童観，目指す教師像などの基礎となる部分でもある。

　一方で，実践すればするほど新たな課題が次々に生まれてくるものである。それらは，自分自身の教師としての適性にかかわる内容が多く，ちょっとしたアドバイスを受けるだけで解決できるものも多い。そういった内容についても克明に実習ノートに記録していき，将来のよりよい教師像に近づけたいものである。

　実習ノートは，枠組みが決められているが，単に一日の出来事の羅列で終わるのではなく，あらかじめテーマや課題などのキーワードを決め，ポイントを絞って簡潔に書くようにすると読みやすく，助言等ももらいやすくなる。ていねいな文字で，誤字脱字に気をつけ，見やすく，工夫してまとめておきたい。そのためには，常時メモ帳等を持ち歩き，その都度気付いたことをこめまに書きとどめておくことが大切である。書くことは考えることであり，物事を整理し順序立てて説明できるようになることである。実習ノートを生涯の宝とし，自分を見つめ直す原点としている教師も多い。

(2) 配属学級の担任とのかかわり

　実習中に最も多く指導を受けるのは，配属学級の担任である。将来の教師の卵である実習生を受け入れるにあたっては，自分の経験や教訓などを一つでも多く伝えたいとどの担任も心がけている。また，自分の指導のあり方について立ち止まって考えてみるよい機会であるととらえている教師も少なくない。その意味では，配属学級の担任との信頼関係の構築は，実習期間中の学びの質を大きく左右することになるといってよい。

　つながりを深めるために最も有効な手段は，わからないことはまず「聞く」ことである。聞きながらコミュニケーションを深めていくことが学びの基本である。経験を重ねてきた教師は多くの引き出しをもっている。聞かなければせ

っかくの学びのチャンスを逃すことになる。自分では理解できているようなことでも、聞いてみると全く違った意味にとらえていることもよくある。

　重要なことは「聞き方」である。実習生にとってはすべてが新鮮で、疑問や課題も次々に生まれてくるが、それらのすべてではなく、ポイントを絞って尋ねるようにしたい。できれば、自分の考えを添えながら教えを請う姿勢をもつと、より適切なアドバイスをもらえるようになる。そうすることによって、共通の話題が広がり、お互いの距離も縮まっていくようになる。忘れないためにメモを取りながら聞く、目を見ながら聞く、うなずきながら聞く、これらは相手の考えを引き出す聞き方であり、自分が教壇に立って授業をするときに子どもたちに指導する内容にほかならない。単に耳だけで「聞く」から、拝聴するの「聴く」を心がけ、自ら実践する態度を身につけるようにしたい。

　実習経験者から、「どのタイミングで話を聞けばよいか、そのきっかけが見つからなかった」という話をよく耳にすることがある。常に子どもに向き合い慌ただしく動き回る教師に時間を割いてもらうのは、申し訳ないという気持ちが先立った結果であろう。その際は、隙間の時間を待つのではなく、自分から近づき、ともに活動させてもらう時間をもつようにしたい。例えば、学級の事務や授業の準備、宿題の点検、掲示物の作成や貼り換えなど自分にも手伝えそうなことを見つけていっしょに作業をしながら声をかけると、話が弾むことが多い。小学校教師は、あれもこれも同時にやることに慣れており得意でもある。逆に、そういった能力も求められているのである。遠慮せず、いつでも、どこでも聞けるような環境を自ら積極的につくり、一つでも多く吸収したいという気概さえあれば、そのための時間は必ず見いだしてもらえるものである。

(3) 子どもとつながる

　子どもとつながる最大の近道は、名前で呼べるようになることである。学級全員の名前を初日にフルネームで呼べた実習生を知っている。嘘のようなホントの話である。ではどのようにして覚えたのか。実習前の学級担任との事前打ち合わせの中で、初日に何としても名前で呼びたいという思いを訴え、協力してもらったそうである。思えばかない、やればできるものである。さらに、事前に名前を覚えただけではなく、その後も40名近くの子どもの好きなもの、得意なもの、苦手なこと、友達関係などの情報を詳細に聞き取り、一人ひとりに

関する興味関心事や特徴を覚え，給食や清掃，休み時間などを利用し，最初の3日間ですべての子どもたちとの会話に役立てたそうである。その後の実習生活がどのように展開したかは，想像に難くない。この事例は，子どもとの出会い方や児童理解の方策を教えてくれるが，子どもたちは常に鋭い感覚をもって，この先生は自分の味方になれそうかそうでないかを見分けているといってよい。その意味では，教師にとって子どもは掛け値のない最大の評価者である。子どもへの本気度は必ず伝わるものである。

　子どもたちはどんな先生を求めているのだろうか。学級開きの際などにアンケートを取るとほぼ共通の回答が，「遊んでくれる先生」「話を聞いてくれる先生」「褒めてくれる先生」「えこひいきしない先生」「勉強をわかりやすく教えてくれる先生」「いつもはやさしくて悪いことをしたら厳しい先生」などである。

　「遊んでくれる先生」は，いつの時代でも変わりなく求められている。遊びは子どもにとって自由の世界であり，創造の世界であり，自分らしさを表出できる世界である。遊びを通して人間や自然や社会を学び，人としての生き方やあり方を学んでいる。その中に信頼できる先生がともにいることは，無上の喜びに違いない。実習生を独り占めしたいといった表情で近づいてくる子どもも多い。ドッジボール，鬼ごっこ，長縄，ラケットベースボールなど体力と時間の許すかぎり，輪の中に入り真の子どもの姿にふれるようにしたい。

　気をつけたいことは，慣れ過ぎないことである。そして，特定の児童だけでなく幅広くかかわるようにしたい。子どもたちは，「遊んでくれる先生」と同じように「厳しい先生」や「えこひいきしない先生」も求めているのである。友達感覚が蔓延し，けじめや秩序が保たれなくなるようでは本末転倒である。ほどよい距離感やどの子にも公平に接することを意識しながら信頼関係づくりに努めることである。慣れ合いは崩壊のはじまりでもある。

(4) 学級集団の特徴を学ぶ

　学級は子ども一人ひとりの姿が違うように，すべて一様ではなくさまざまな顔をもっている。明るく活気あふれる学級，健康的で笑顔の絶えない学級，歌声や子どもの声が響く学級，規律正しく引き締まった学級，温かくぬくもりのある学級，常に助け合い支え合う学級などがある。逆に，おとなしく静かな雰囲気の学級，雑然としてまとまりが見えにくい学級，やる気や熱意などの覇気

が感じられない学級，一部の子どもだけが目立つ学級などさまざまである。また，特徴が見いだせずその時々で見せる顔が違う学級もある。

　実習では，自分が配属される学級の様子を事前に教えてもらい，その特徴を大まかにとらえておきたい。今までどんな取り組みをしてきているのか，これからどこに向かおうとしているのか，4月の学級開きの時点と比べどのように変化しているのかなどを聞き取るようにしたい。その中で，今見えている姿と実際が大きく違って見えてくるようにもなる。

　学級はそれぞれに違う個性や特性をもった子どもたちで構成されている。育っている家庭環境，家族構成，興味関心，精神面，健康面，運動能力，学力などすべてにおいて同じ子はいない。それらの子どもたちを学級という枠の中で一つにまとめようとすること自体，至難の業である。しかし，違ったものの集合体だからこそ互いに融合させていくことのおもしろさがあり，それが学級担任の醍醐味でもある。学級は日々動き続けている。配属される学級は，目標への取り組みが道半ばの状態であるかもしれないし，ほぼ達成されている状態かもしれない。いずれにしても，担任の日々の言動やその指導の意図をよく観察し，個々の子どもの特性を生かしながら学級集団を成長させていく過程を学び取るようにしたい。

(5) 学級経営の方法を学ぶ

　1年が終わるとき，「このクラスでよかった」「この仲間とともに過ごせて楽しかった」「この先生に教えてもらって成長できた」と子どもたちが心から思えるような学級にするために，担任が意図的・計画的に行う活動が学級経営である。担任は，授業はもとより一日の学校生活のすべての時間がよりよい集団として高まっていくことを目指しながら，確かな経営方針をもって日々取り組んでいる。

　その取り組みは，担任の個性や児童観・教育観等によりさまざまである。授業やその他の活動を子どもたちに任せて常に柔軟に進めたり，弱い立場の子や勉強や運動が苦手な子を中心に据えて支え合う仲間づくりを徹底したりする光景を目にすることもあるだろう。そのため，配属学級に入ったとき，自分には到底できないのではないかと思うことも多々あるに違いない。それほどに担任の個性や力量が色濃く反映されるのが学級経営でもある。

しかしながら，基本的には，「学校経営方針」や「学年経営方針」に即した学級の経営であり，学級といえども学校の組織体の一つとして営まれていることに気付くはずである。つまり，共通の土台の上に立ち共通の目標に向かって経営されているのである。できないことよりも，自分にもできそうなことを一つでも多く見つけるようにしたい。学級経営は年間を通しての長いスパンでの取り組みであり実習期間だけでは見えにくい部分も多いが，担任がくぐってきた失敗例や成功例などの体験談を一つでも多く聞き取りながら，自分なりの教育観をもとにした学級像を描けるようにしたい。

(6) 子どもの健康・安全を学ぶ

子どもの命を預かり，命を守り，命を育てるところが学校であるといえる。学校では，あらゆる教育活動の中で命の大切さを学年に応じて指導している。健康面では，病気の予防等の保健指導，アレルギー対応指導，食の指導，給食指導，生活習慣についての指導，命・性についての指導，心のケアなどがある。安全面では，登下校の交通安全指導，不審者対応，運動場や遊具での遊びの指導，火災・地震・津波・風水害等の自然災害発生時の指導，授業中の事故防止（実験・プール水泳）など多岐にわたる。

これらすべてを担任や学校だけで指導するには限りがある。学校外の警察署・消防署・病院・地域・教育関係機関等と連携しながら進めていることが多い。担当教師に，いつ，どこで，どのように行われているのか尋ねるなどして，まとめておくことも大事である。

「よそで起こることはいつ自分の学校で起こってもおかしくない」という強い危機意識をもち，常に最悪を想定して避難訓練などを定期的に実施している。その際の実施計画や学校の防災や安全に関する計画などを見せてもらうと，いざというときのために学校全体で一致団結して取り組もうとする姿勢が読み取れるはずである。子どもの命を守るために教師がいるのである。

(7) 学校行事へのかかわり

実習期間が大きな学校行事と重なる場合がある。例えば，運動会や音楽会，校外学習などである。これらは，実習生にとってより多くの学びの機会を得るチャンスである。教室だけでは見ることのできない躍動感や一体感を子どもの

姿の中に見ることができる。また，目標に向かってともに創り上げる喜びや，できたときの感動や満足感を共有できる。実習生もぜひとも子どもの輪の中に入って，励ましたり，声をかけたりしながら支援していきたいものである。運動会や音楽会では出来栄えそのものよりも，完成に向けて一つひとつ積み上げていく練習の過程が重要視される。一人ではできないことでも仲間とならできることを身をもって体験させたいからである。学校行事は，学級の枠を越えて学年全体で，あるいは全校が一体となって取り組む活動である。それだけに教師側の指導力が問われる。一人の教師が大勢の子どもたちをどのように動かしているのか，その指示のタイミングや声の出し方，意欲づけなど多くのことを学ぶよい機会でもある。

校外学習などでは，目的地まで交通機関を利用していくことが多い。子どもは羽目を外しがちである。ともに引率する場合は，歩き方，乗り方，挨拶などのマナーやまわりに迷惑をかけない約束事などを，担任と同じようにきちんと指導できるようにしておかねばならないことはいうまでもない。

(榎元十三男)

〈引用・参考文献〉
- 文部科学省（2008）「小学校学習指導要領」
- 中央教育審議会（2006）「今後の教員養成・免許制度の在り方について（答申）」
- 中央教育審議会（2012）「教職生活の全体を通じた教員の資質能力の総合的な向上方策について（答申）」

8．児童期の心理と発達

　この章では学校環境下における児童期の知的側面と情動面，社会性の心理と発達の特徴について述べている。子どもは児童期になると，複数の視点から物事を見たり，考えたりすることができるようになるため，具体的に理解できる範囲のものに関しては，論理的な操作による思考や推理が可能となる。児童期中期には，他者比較が自己概念に影響を与え，自分の特徴や価値観を意識するようになるとともに，先の目標のために目の前の欲求を抑制できるようになるなど，自己抑制の発達も認められる。仲間関係においては，低学年は仲間関係が流動的であるが，高学年になるにつれ自分と興味関心が近い特定の友人やグループに固定化していく傾向がみられる。

(1) 児童期の発達の特徴

　児童期の子どもたちは小学校で「読み・書き・算数」など決められたカリキュラムに添った教科等の授業を受け，学校行事や学級の係活動，委員会活動などを通して自分の役割・責任を果たすこと，ルールを守ること，相手を思いやること，助け合うことの大切さなど，集団の中でさまざまな体験をしていく。それらの経験を積みながら，相互に影響し合い，各発達段階に応じた生きる力となる知識や知恵，コミュニケーション能力を身につけていく。

　小学生の６年間は，学年が一つ上がるごとに心身ともに成長が著しい。低学年の児童はまだ幼児期の特徴を残している状態がありながらも１年生を終える頃にはすっかり小学生らしく成長した姿が見られ，彼らは小学校の生活の流れを理解し，教師の指示に従い，学級のルールを守ろうとし，係活動などクラス内での自分の役割を果たすことができるようになる。５，６年生になると思春期の入り口にあり，第２次性徴が始まった子どももあればまだの子どももいる中で，自意識が強まり，身体面や学力，運動，性格など友達との差を気にする時期に入ってくる。また，それまで教師の存在は絶対的であり，指示に従順であった子どもたちも，高学年になると親や教師などの大人の言動に対して疑問や反論をもつようになってくる。

休み時間の遊び方をみても，低学年の間は性別に関係なく男女一緒に運動場で追いかけっこをしたり，遊具などで群れて遊んでいたりすることが多く，遊ぶ相手は流動的であるが，高学年に近づくにつれ，興味や関心が近い子ども同士がグループ化していき，仲のよい友達が固定化していく傾向がみられる。

このように，子どもたちは学年が進むにつれ，子どもたちの言語能力や認知の発達が進み，それに伴って各年代の子どもたちの自己意識のあり方や仲間との関係性などに大きな違いが認められる。

(2) 幼児期から児童期へ

「小1プロブレム」という，小学校での生活の枠組みに添った集団行動がとれない現象が指摘されるようになって久しい。就学前の子どもたちの集団活動の場である幼稚園や保育所の中には，英語教育や鼓笛隊など，教育的な特色を打ち出して保護者の人気を集めているところも増えてはいるが，今でも多くの幼稚園，保育園では生活や遊びが中心におかれ，子ども自身の能動的な遊びや活動を通して自然と身につくことが重視されている。幼児期の子どもたちは，家族や身近なまわりの人たちとの日常生活や遊びの中から人の行動や言葉のやりとりに興味をもち，同じセリフや言葉，しぐさをまねて使ってみたり，大人の助けを借りずに自分でやってみようとしたりしながら日々，知らず知らずのうちに新しいことを習得しながら成長している。

その一方で，小学校入学後には教師の指導のもと，一斉授業の45分間，自分の席に着いて受けながら，時間割に添った活動をすることになる。小学校教育の特徴は，一つは子どもたちが教師から意識的に学ぶこと，二つめは，その内容が積み重ね型であることである。そこでは，各学年の発達課題や習得すべき課題に沿った内容の授業や学校行事がカリキュラムに組み込まれており，それらは幼児教育とちがい，言葉で集団に対して一斉に伝える部分が多く，学年が進むにつれて抽象的な内容が増えていく。

2014（平成26）年，文部科学省は，現代の子どもの成長に関して，特に重視すべき課題として子どもの発達段階ごとの具体的事項を以下のとおり示した。
○乳幼児期
- 愛着の形成
- 人に対する基本的信頼感の獲得

- 基本的な生活習慣の形成
- 十分な自己の発揮と他者の受容による自己肯定感の獲得
- 道徳性や社会性の芽生えとなる遊びなどを通じた子ども同士の体験活動の充実

○学童期

(小学校低学年)
- 「人として，行ってはならないこと」についての知識と感性の涵養や，集団や社会のルールを守る態度など，善悪の判断や規範意識の基礎の形成
- 自然や美しいものに感動する心などの育成（情操の涵養）

(小学校高学年)
- 抽象的な思考の次元への適応や他者の視点に対する理解
- 自己肯定感の育成
- 自他の尊重の意識や他者への思いやりなどの涵養
- 集団における役割の自覚や主体的な責任意識の育成
- 体験活動の実施など実社会への興味・関心をもつきっかけづくり

○青年前期（中学生）
- 人間としての生き方を踏まえ，自らの適性を探求する経験を通して，自己を見つめ，自らの課題と正面から向き合い，自己の在り方を思考
- 法やきまりの意義の理解と公徳心の自覚

○青年中期（高校生）
- 人間としての在り方生き方を踏まえ，自らの個性・適性を伸ばしつつ，生き方について考え，主体的な選択と進路の決定
- 社会の一員としての自覚をもった行動

(3) 幼児期・児童期の知的発達の特徴

　幼児期後期から児童期にかけて知的発達が大きく進む背景には，複数の視点からものを見たり，考えたりすることができるようになることがあげられる。発達心理学者ピアジェ（Piaget, J.）は，子どもの認知発達を以下の4つの発達段階に分類している。

1) 感覚運動期（0〜2歳頃）

　反射的な活動，反射的なシェマ（自己がひきおこすことができる活動を支

えている構造）を行使して，外界の事物への認識や適応を行う。
2）前操作期（2〜7歳頃）
　心像や言葉，イメージなどを用いることが可能となるが，その思考はまだ直観的である（保存概念の欠如と自己中心性）。
3）具体的操作期（7〜12歳頃）
　見かけの影響や自己中心的な視点から離れ，自分が具体的に理解できる場面においては，論理の道筋に従って思考したり推理したりすることができるようになる（脱中心化）。
4）形式的操作期（12歳以後）
　具体的対象がなくても，論理的操作が可能になる。そのため，仮説的な考え方など，抽象的な思考ができるようになる。

　幼児期は前操作期にあたり，心像や言葉，イメージを用いながら，目の前にない事柄についても相手と共有できるようになる時期にあたるが，まだ見かけにだまされてしまう段階である。

　例えば，背の高い細いコップに入った水を背の低い太いコップに移し替えたとき，幼児期の子どもは水面の高さだけ見て直観的に水が減ったと考えてしまったりするように，高さと幅の両方の次元を同時に考えることがまだできない（保存概念の欠如）。しかし，児童期の子どもになると，どんな形状の器に移し替えても水の量は最初と同じであることを理解できるようになる。ピアジェのいう「脱中心化」，すなわち自他の区別が行われ，自分の視点だけでなく他者の視点も考慮できる状態まで発達段階が進んでいる児童では，高さと幅の両方の次元で考える必要性を理解できる。

　ただし，すべての保存概念が同時に獲得されるわけではなく，量や数の保存は比較的早く獲得されるものの，面積や体積の保存の概念獲得は多少遅れるとされている（星，2011）。

　また，未就学年齢では難渋した複数の物を長さや大きさなどの物理的特性の順に並べるという操作も，難なくしかも素早くできるようになる。物の配列より，もう少し難しいいわゆる推移律の問題も，学童期には解答可能になる。例えば，「もし太郎が次郎より背が高く，次郎は三郎より背が高いとしたら，一番背が高いのは太郎だろうかそれとも三郎だろうか？」という問題を提示すると，具体的操作思考を行う小学生は，目の前に3人が並んでいなくても，一番

背が高いのは太郎であると正しく回答することができる。同じ問題を与えられた未就学児であれば，この問いに答えるのに知覚に依存しなければならないので，実際に太郎と三郎が隣り合って立っていないと解答することは困難である（星，2011）。

このように，幼児期の子どもの特徴に自己中心性があり，他者の視点に立てないことから直観的な理解に依存していた段階から児童期になると徐々に自己中心性から脱却できる段階に入ったことで，自分が具体的に理解できる範囲のものに関しては，論理的な操作によって思考したり推理したりすることができるようになっていく。

(4) 幼児期・児童期の自己の発達

自己意識とは，自分が他者や他の事物とは別ものであることの意識である（村田，1997）。乳幼児期の子どもについてマーラーら（Mahler et al., 1975）によれば，生後間もない頃は自他が未分化な状態であり，見えたものや偶然口に入れたり，触れたりしたものからの反応の違いを通して自他の区別を認識するようになっていく。そして生後1か月から4・5か月頃は自分と母親が一体化しているとされ，生後7か月頃には母親と母親でないもの，親しいものとそうでないものを認識できるようになることで人見知りするようになっていき，1歳半頃には鏡に映った自分を自分として認識できるようになるなど，周囲の人や外界のあらゆるものとのかかわりの中で自分と他者との区別が意識されていく。

幼児期には，他者を理解すると同時に，自分に何ができて，何ができないかなど自分で自分のことがわかるようになってくる。また，他者が自分に対して何を期待して，自分をどのように見ているのかなども意識するようになる。つまり，十分ではないが，自分を第三者的視点から考えられるようになってくる。そして，親や友達から受け入れられているという安心感（受容感）がもてると，自分を自由に表現でき，苦手なことも頑張ろうという姿勢ができる（松永，2000）。

このように乳幼児期において，子どもたちは他者とのやりとりを通して，自我に芽生え，自己調整力や自己信頼感，有能感などをもつようになってくる。そして，これらのもちように個人差があり，それが子どもたちの個性の一側面となり，その個性をもちながら児童期を迎える（松永，2000）。

児童期には学校というルールのある組織の中で，教科学習，運動，ふるまい

（道徳観や社会性）などの観点から，自分について評価される環境に身をおいている。富岡（2013）によれば，「自己意識（self-concept）」とは，広くは自分自身に対する評価や概念を指し，幼少時から周囲の生育環境による内的および外的な影響を受ける中で発達するものである。そして，子どもにとっての「重要な他者（significant others）」，つまり両親・教師・友人との人間関係が自己概念形成の主要因となると考えられている。さらにソンとハティの研究（Song & Hattie, 1984）から，両親の生育態度，すなわち両親の子どもへの評価，興味，期待が自己概念形成に影響を与えるという観点を受け，これら家庭環境（家族関係，親子関係の安定性，家庭内で行う教育的活動，賞罰のルール等の要因）は重要な要素であると指摘している。一方，学校環境については，教師の児童生徒に対する働きかけや教育態度はもちろん，授業で行う課題の種類や難易度，クラス人数，学級の構成（複式学級か単学年学級か），また学級の雰囲気（協力的か競争的か）なども自己概念に影響するとしている。さらに，子どもの個人の性格上の資質という観点からは，向社会的な傾向や協力的な態度，自立的な姿勢があげられ，子どもの能力という観点からみると高いコミュニケーション能力やスタディスキルと自己概念との間に正の相関がある（Watkins & Hattie, 1985, 1990）と指摘している。

村田（1997）によれば，小学校中学年までに大部分の子どもは，自己についてより現実的な概念を発達させ，一部の能力については，自分が他児よりも劣ることを認めるようになってくる（Butler, 1990）。彼らはより真相に近い自己理解を形成しはじめ，自分の特徴や価値観や目標について意識するようになってくる。また，自分自身の行動について基準を立てるようになってくる（Eder, 1990）。

2003年から2004年にかけて行われた富岡（2013）による日本とアメリカの小学生を対象とした自己概念に関する国際比較調査によれば，日米共通して身体的能力と算数に関しては男子が高く，国語は女子が高いという傾向が認められ，学年差は各項目に関して日本の小学生ではあり，特に3年と4・5年の間の差が大きい一方で，アメリカの小学生には学年や人種による差はなかったという結果であったとしている。アメリカでは学年差がなかったことに関して，年齢や人種以外に影響をもつ要因の存在の大きさが考えられるが，日本の小学生の自己概念形成においては，3年生と4年生の間が一つの区切りの年齢であって，これは社会比較の始まるちょうど児童期中期，他者との比較が自己概念に影響

を与えること，先行研究の結果とも一致していることを指摘しており，日本の小学生については前述の村田 (1997) の指摘とも一致している。

一方で村田 (1997) は学童期における自己評価は，青年期がより客観的にデータに基づいて行おうとするのに対して，自分について行うおおまかで変化しやすい，情緒性の高い評価であるとしている。

日本の小学生は4年生あたりから自尊感情の形成に他者比較が大きく影響してくるようになるとはいえ，教師にまだ従順な児童期には教師の姿勢が子どもたちのふるまいに大きく影響し，教師の子どもへの評価がそのまま子どもたちの自己評価や他者評価につながりやすい。そのため，教師が一人ひとりの子どものよいところを見つけ，温かいまなざしと姿勢が互いのよさを認める学級の雰囲気をつくり，子どもたちの自己評価を高め，自尊心を安定させることに結びつけやすい時期ともいえる。そのため，小学校では授業や係活動，学校行事など，子どもたちが輝ける機会をもった活動がさまざまに工夫されている。

(5) 自己制御と感情制御の発達

子どもは自分の欲求そのままに発現するのではなく，社会の中でその場に応じて自分の行動や感情を制御すべき状況があることを知り，周囲の期待に応えようと自分を律したり，相手を思いやったり，協調性を身につけることで道徳的行動をとることができるようになっていく。

自己制御について村田 (1997) は，外部（特に親）からの命令を内面化し，これを自分の行動に適用する心の働きであり，道徳性の形成とその根は共通であるとし，(中略) 比較的年少期には，自分の目を覆うとか，手や足を特異な仕方で動かす，といった動作を自発的に行って，自分の注意をその場からそらすような工夫をする。そして，その洗練されたかたちは児童期全体を通して徐々に現れ，外からは次第にその働きの存在が判別しにくくなってくる，と指摘している。そしてマッコビー (Maccoby, 1980) の自制機制（運動の抑制，情緒の抑制，結論の抑制，選択の抑制）の4つの型から，抑制の発達段階の経過は，直接的で即時の反応から，間接的で媒介的な思慮のあとの反応へと発達していくと指摘している。

自己制御の力を測定する実験で，マシュマロ・テストと呼ばれるものがある。マシュマロ・テストでは，「ちょっとおつかいに行ってきます。私が部屋に戻

ってくるまで待っていられたら，ごほうびにマシュマロを二つあげます。それまで待てないのであれば，ここにあるマシュマロを一つ食べていいですよ」と言い，子どもを20分ほど一人にする。その時，待てないで一つのマシュマロを食べるか，それとも我慢して二つを得るかを調べた実験の結果，7歳では81％，8歳では48％の子どもが目の前の誘惑に勝てない。しかし9歳になると，我慢できなかった子どもが2割になり，我慢できた子が80％に増える（新井，1997）。これらの結果から，3年生までは目の前の誘惑（直後報酬）に打ち克てない子どもがまだ多いが，4年生になると，目の前の自己の欲求を抑えることで先のよりよい報酬（遅延報酬）を得るために自分を律することが可能な発達段階に達するといえる。

　村田（1997）は，学童後期と青年期では自制心は彼らの自己概念で重要な地位を占めるようになっているといい，学童期の子どもが部屋を掃除したり，定時に就寝したり，親の命令に従うなど，気の進まないことをしなければならないその理由を尋ねられると，彼らはそれが自分自身の設定している目標の達成に関連した答えをするという。また，彼らが自分の長所を尋ねられると，多くは〈冷静になれること〉とか〈好き嫌いや不快感を表面に出さない〉といった，自制心に関する答えが返ってくる。このような発達的移行の中で，自制心は内面化され，価値観と結びつき，これに責任感が加わってくると指摘している。

(6) 仲間関係の発達

　小学生の仲間関係においても，低学年と高学年では，内面の成長に伴いその様相は大きく異なっている。まず低学年では，教室の席が近い，通学路が同じなど偶然の接触機会の多さが友達になるきっかけになることが多く，性別に関係なく誰とでも仲よくなれる可能性をもっている。たとえ喧嘩をしても自然とすぐに仲直りできていることが多く，何もなかったかのように仲直りして，また楽しくいっしょに行動しているといったよい面もある。一方，高学年になるにつれて，自分の興味関心の近さが友達になる要因の多くを占めるように変化していき，次第に，仲よしグループが固定化されていく割合が大きくなってくる。

　児童期の友人関係の特徴として，中学年の後半あたりから，ギャングエイジと呼ばれる他学年入り交じった遊びのグループ活動が存在することがあげられる。リーダー的存在の子どもが異年齢の子どもたちを従えて遊び，ときには大

人の目を盗んで少し危険な遊びや冒険に挑戦する。アメリカの映画『スタンドバイミー』の少年たちがその例である。筆者が日頃相談活動を行っている地方都市の子どもたちは，家の周辺で蛙や魚，虫を捕るほか，捕った虫を闘わせる遊びをしたり，公園や空き地に秘密基地を作り，ゲーム機などをその秘密基地に持ち込むなどしたりして，放課後は忙しい習い事の合間をぬって遊び仲間と秘密の共有を楽しんでいる。また，異年齢の子どもたち複数人で遊んでいる小学生の話をしばしば聞くことができる。しかし，最近の児童期の子どもの友人関係については，「グループをつくる」や「リーダーがいる」といった特徴が少なく，従来指摘されているようなギャンググループは消失している可能性を示す研究（國枝・古橋，2006）や，今の遊び集団の特徴は，昔と比べて集団が小さく，同じ年齢でまとまっていること，そのためリーダー不在，リーダー不要の集団になっているとの指摘（佐藤，2000）があり，ギャングエイジの様相は地域や時代の影響を受けて変化しているようである。

　また，4年生あたりまでは男女にこだわらず遊んでいた子どもたちも，5年生あたりになるとこだわる時期に入っていく。佐藤（2000）によれば，高学年になると女子と男子では友達に求めるものが違ってくるために，友達関係のあり方が異なっており，一般に男子ではスポーツやゲームを楽しむことが遊びである。（中略）それに対して一般的には女子では，自分の気持ちを打ち明け合ったり，自分の感情を語り合ったりすることが友達には求められる，という。特に女子では自分だけの友達を求める傾向にあるため，仲のよい友達同士で尾をひくトラブルが増えてくる。そのため，クラス担任は遠足でも係活動でも，意識してクラス内のグループ関係とは別の班編成になる機会を設けた方がよいが，ただし，しかるべき大義名分を立てなければ，クラス中の女子の反発を買うおそれもないではない，と佐藤（2000）は指摘している。

　最後に，子どもの社会性，対人関係処理能力の獲得に関連する問題として，本来子ども同士で仲直りできるはずの低学年であっても親の子育て不安が高く，大人の人間関係を投影するなど過度の心配から子ども同士のトラブルに親が入り込みすぎ，子ども自身の力で仲直りする機会を奪っているケースも少なくない。本来，子どもたちはけんかしてもまた仲直りできたという成功体験を積みながら，ぶつかり稽古することで成長していく部分が大きい。そのような子どもたちの力による仲直り体験を積ませるために，周囲の大人による子どもたち

で仲直りができるような言葉かけや見守りが望まれる。そのためには，親自身が安心して子どもたちの関係を見守れる気持ちのゆとりがもてるよう，親の不安を受け止める人の存在や，つながるコミュニティが必要である。中でも小学校の担任は，教育活動を通じて学級の児童の健全な成長を支える教育の専門家であり，保護者から大きな期待と信頼をもって子どもを託されている学校と家庭をつなぐ要(かなめ)の存在であると相談活動を通じて感じている。　　　　（松岡　恵）

〈引用・参考文献〉
- 新井邦二郎（1997）「自己コントロールの発達」新井邦二郎（編）『図でわかる発達心理学』福村出版
- Butler, R. N. (1990) The effects of mastery and competitive conditions on self-assessment at different ages. *Child Development* 61(1), pp.201-210
- Eder, R. A. (1990) Uncovering young children's psychological selves : Individual and developmental differences. *Child Development* 61(3), pp.849-863
- 福田由紀（2000）「人との関わりの変化の中で」落合幸子編『小学三年生の心理　次へのステップアップ』大日本図書
- 星薫（2011）「乳幼児期から成人期に至る認知発達」星薫編『生涯発達心理学研究』p.147，放送大学教育振興会
- 國枝幹子・古橋啓介（2006）「児童期における友人関係の発達」福岡県立大学人間社会学部紀要，Vol.15，No.1，pp.105-118
- Maccoby, E. E. (1980) *Social Development:Psychological growth and the parent-child relationship.* Harcourt Brace Jovanovich
- Mahler, M.S., Pine, F. & Bergman, A. 髙橋雅士ほか訳（1981）『乳幼児の心理的誕生』黎明書房
- 松永あけみ（2000）「人との関わりの広がり」高木和子編『小学一年生の心理　幼児から児童へ』pp.72-73，大日本図書
- 文部科学省（2014）「情動の科学的解明と教育等への応用に関する調査研究協力者会議」審議のまとめ概要 Available at : http://www.mext.go.jp/b_menu/shingi/chousa/shotou/091-2/index.htm　Accessed January 9, 2017
- 村田孝次（1997）『生涯発達　生活心理学的アプローチ』p.58，pp.69-70，培風館
- 佐藤有賴（2000）「一人一人のめざめ」落合良行編『小学五年生の心理　自由なナンバー2』pp.49-51，大日本図書
- Song, I.-S. & Hattie, J.A. (1984) Home environment, self-concept, and academic achievement: A causal modeling approach. *Journal of Educational Psychology* 76(6), 1269-1281
- 富岡比呂子（2013）『児童期・青年期の自己概念』p.1，pp.153-154，ナカニシヤ出版社

9．特別支援教育について

> 「特別支援教育」が2007（平成19）年4月1日に施行された学校教育法に位置づけられ，幼・小・中・高等学校においても，特別な支援を必要とする子どもたちに適切な教育を行うことが明記された。そこから，特別支援教育の理解や取り組みは学校や地域において確実に進んできている。とはいえ，短期間の実習中には困惑する場面も出てくることが予想される。
> 　そこで，この章では特別支援教育の取り組みの中で，必要な基礎的知識や配慮事項，子どもの特性や支援のあり方，その意図等について述べる。

(1) 特別支援教育とは

　これまでわが国の教育制度は，障害のある子どもの教育は障害の種類や程度に応じて，小・中学校の「特殊学級（障害児学級）」や通級による指導，盲・聾・養護学校という「特別な場」に限って行うという仕組みで行われてきた。

　学校教育法の一部改正がなされ法的に位置づけられたことにより，特別支援教育では，特別な場に在籍している子どもだけでなく，特別に支援が必要な子どもすべてを対象とするようになった。今までの盲・聾・養護学校は「特別支援学校」に，特殊学級は「特別支援学級」に名称変更することになった。

　「特別支援学校」においては，障害の重複化や多様化を踏まえて，複数の障害種に対応できるように制度の弾力化を図ってきた経緯がある。そうしたことを受けて重度・重複化に適切に対応した教育の充実を図るほか，これまで培ってきた特別支援教育にかかる専門的な知識や技能を生かし，地域における特別支援教育のセンター的機能を担っている。また，小・中学校等の先生方への助言・支援や障害のある子どもへの指導・支援，あるいは保護者の皆さんに対しての教育相談や情報提供などを行っている。一方，小・中学校の通常の学級においては，LD，AD/HD等の指導や支援を必要とする子どもへの対応が課題となり，調査が進められてきた。調査によると，発達障害等の配慮が必要な子ど

もは学齢期において6.5％の割合で存在する可能性がある（文部科学省，2012〈平成24〉年）。

　通常の学級には障害の有無にかかわらず，学習や学校生活に困難を感じている子どもたちがいることや，何らかの支援を必要としていることを認識しておく必要がある。

　特別支援教育では，従来から盲・聾・養護学校や特殊学級の教育の対象であった子どもたちに加え，LD，AD/HD，高機能自閉症など，発達障害者支援法（2004〈平成16〉年）で規定される「発達障害」の子どもたちも新たに支援の対象となったのである。

　知的な遅れのない発達障害も含めて，特別な支援を必要とする子どもが在籍するすべての学校，学級で障害やそれに関連する困難を適切に把握し，子どもに寄り添った教育を展開していくことが求められている。学校では，子ども一人ひとりの教育的ニーズを把握し，それに応じた指導や支援を行うこと。そして，これまで以上に福祉，医療，労働等の関係機関との連携を深めていくことが重要となっている。

●「特別支援教育の推進について（通知）」（一部）

2007（平成19）年4月1日
文部科学省初等中等教育局長

　特別支援教育は，障害のある幼児児童生徒の自立や社会参加に向けた主体的な取組を支援するという視点に立ち，幼児児童生徒一人一人の教育的ニーズを把握し，その持てる力を高め，生活や学習上の困難を改善又は克服するため，適切な指導及び支援を行うものである。

　また，特別支援教育は，これまでの特殊教育の対象の障害だけでなく，知的な遅れのない発達障害も含めて，特別な支援を必要とする幼児児童生徒が在籍する全ての学校において実施されるものである。

　さらに，特別支援教育は，障害のある幼児児童生徒への教育にとどまらず，障害の有無やその他の個々の違いを認識しつつ様々な人々が生き生きと活躍できる共生社会の形成の基礎となるものであり，我が国の現在及び将来の社会にとって重要な意味を持っている。

---

①特別支援教育の理念

　学校にはさまざまな子どもたちがいることは当たり前であり，個々の違いを

認識するという受け止め方はとても大切なことである。どんなことが得意で，どんなことに困ったりつまずいたりしているのか等に気付き，適切な支援や指導が可能になれば，子どもたちは安心して学校生活や学習に臨み，生き生きと力を発揮することができる。

特別支援教育は，障害のある子どもたちに限るのでなく，すべての教師がすべての子どもたちにかかわる教育である。特別な支援を必要とする子ども一人ひとりの教育的ニーズを把握し，それに応じた指導，支援を関係機関と連携しながら行うという仕組みが大事である。こうした仕組みが浸透することにより，確かな学力の向上や豊かな心の育成につながると考えられる。学校では「すべての子どもたちの教育的ニーズを把握し，こたえていく」という学校本来の使命を今一度確認し，関係機関としっかり連携をとり，支援のシステムづくりと実践に努めることが鍵となる。

こうした取り組みは共生社会をつくる基盤となり，すべての子どもが活躍できる一人ひとりを尊重する社会へとつながるものである。子どものもつ力を最大限に生かし効果的に参加できる社会は，障害のある者とない者がともに学ぶインクルーシブ教育システムの構築につながるのである。

> ●インクルーシブ教育システムについて
> 　人間の多様性の尊重等の強化，障害者が精神的および身体的な機能等を最大限まで発達させ，自由な社会に効果的に参加することを可能とする等の目的のもと，障害のある者とない者がともに学ぶ仕組み。

② 「みんなの特別支援教育」という考え方

学校には多様な学び方の子どもがいる。一人ひとり違う学び方をしている子どもたちを理解し，集団の中で，それぞれの力を伸ばしていくということが大切である。

例えば，通常の学級における授業を組み立てるうえで，教科指導や生徒指導の視点に特別支援教育の視点をうまく融合させることで，子どもは安心感をもったり自己肯定感を増したりして，学習への意欲が高まると考えられる。

学校教育は集団での活動や生活が基本である。学級が安心できなかったり，授業がわからなかったりする状態が続くと，子どもは二次的な問題を引き起こす可能性も出てくる。

安心して過ごせる学級集団づくりは,すべての子どもが楽しく授業に参加でき,「わかる・できる」につながっていくのである。

すべての子どもが楽しく授業に参加できるような工夫・配慮が求められている。いわゆる「授業のユニバーサルデザイン」の取り組みである。

●授業づくりの視点で読み替えた「授業のユニバーサルデザインの7原則」
1　全ての児童・生徒が学びに参加できる授業
2　多様な学び方に対して柔軟に対応できる授業
3　視覚や触覚に訴える教材・教具や環境設定が準備されている授業
4　欲しい情報がわかりやすく提供される授業
5　間違いや失敗が許容され,試行錯誤しながら学べる授業
6　現実的に発揮することが可能な力で達成感が得られる授業
7　必要な学習活動に十分に取り組める課題設定がなされている授業

(長江・細渕,2005年)

※授業のユニバーサルデザイン化については文部科学省事業「発達障害の可能性のある子供に対する早期支援研究事業」等の研究報告にて多く報告されている。

また,一人ひとりに応じた一貫性のある教育支援も重要である。幼稚園から高等学校における啓発・研修についても推進されているところである。

③個別の教育支援計画と個別の指導計画について

「個別の教育支援計画」は,新障害者基本計画(文部科学省,2002〈平成14〉年12月)に基づいた重点施策5か年計画の中に,「生涯にわたり,一貫した支援体制を整備することが必要である」と示されている。平成19年度から特別支援学校となる盲・聾・養護学校においては,それまでに策定することがいわれた。「個別の教育支援計画」は教育,福祉・医療・労働等が連携し,一人ひとりのニーズに応じて乳幼児期から学校卒業後までの長期的な視点で,一貫した支援を目指すものである。保護者が主体となって作成するが,必要に応じて学校や関係機関が加筆しながら引き継ぐようになっている。

「個別の指導計画」は,学校において,一人ひとりに応じた一貫性のある教育的支援を進めることを目指し,子どものもてる力を正しく把握し,実態に基づいて作成するものである。計画的な支援と継続的な指導に取り組むためのツールである。個別の教育支援計画を受け継いだ学校園は,次の1年間をどのように指導するかを考え,目標・手立て・指導や支援の実践・評価・見直し等を

行っていく。作成時には，保護者と意見交換をしながら進めるのが基本である。特別支援学校では，すべての子どもについて作成することになっている。通常の学級では，特別な配慮を必要とする子どもに対して，個別の指導計画を作成する。子どもへの支援を考える中で，「どの子にもわかりやすい授業」が具体化されていくのである。

④特別支援教育のコーディネーターについて

校長は，特別支援教育のコーディネーター的な役割を担う教員を「特別支援教育コーディネーター」（以下，コーディネーター）に指名し，校務分掌に明確に位置づけることになっている。コーディネーターは，学校での特別支援教育推進のため，校内委員会や研修の企画・運営，関係機関との連絡・調整，保護者からの相談窓口などを担っている。

子どもたちへの支援は，担任一人で担うことは難しい面もある。教職員全体の共通理解のもと個々に応じた有効な支援策を検討し，「だれでも・いつでも・どこでも」支援ができるようにすることが大切である。学校では，「校内委員会」を設置し，個々の具体的な支援策の検討や環境整備を図りながら支援体制を整えている。校内委員会は，校長，教頭，コーディネーターを中心として，担任，各学年の世話係や特別支援学級の担当等で組織している。その他，特別支援学校のセンター的役割の活用や，地域の教育的支援や関係機関との連携など，特別支援教育の推進役を担っている。

⑤特別支援学校のセンター的役割について

特別支援学校では，これまで盲・聾・養護学校として障害種に応じた教育を主として，教育上の経験やノウハウを蓄積してきた。その専門性や施設・設備等を生かし，求めに応じて地域の小・中学校や幼稚園に教材・教具・情報機器等の貸し出しや，地域校に出向きアドバイスや研修等を行ったり相談機能に取り組んだりしている。

> ●特別支援学校のセンター的機能の役割については，「特別支援教育の推進のための学校教育法等の一部改正について（通知）」（文部科学省，2007〈平成19〉年）にある。

法改正後，特別支援学校では効果的・効率的にセンター的機能を担うための校内システムの構築に努めている。コーディネーターの複数配置や校務分掌に

「相談支援部」や「地域推進委員会」等の位置づけをするなど，全教職員の共通理解を図りながら推進している。

(2) 発達障害の理解と支援

わが国では学習障害（LD）に対する研究は1970（昭和45）年代頃から一部で取り組まれていた。国としての取り組みが本格化したのは，1990（平成2）年代前半からである。

2001（平成13）年1月「21世紀における特殊教育の在り方について」の提言を受け，通常学級に在籍する学習障害（LD），注意欠陥／多動性障害（AD/HD），高機能自閉症等の子どもたちに多くの視線が注がれてきた。

「発達障害」という言葉は，2005（平成17）年に発達障害者支援法（厚生労働省）が施行されてから使われるようになった。これによると「発達障害」とは，「自閉症，アスペルガー症候群その他の広汎性発達障害，学習障害（LD），注意欠陥／多動性障害（AD/HD），その他，これに類する脳機能の障害であってその症状が通常低年齢において発現するもの」と，定められている。多くの発達障害は周囲から見ると「本人が困っている」ということがわかりにくいことから，診断を受けることが遅れる場合もある。

学齢時は通常学級で生活していても，学習面や行動面や対人面に困難をきたし，特別支援教育の対象となることがあり，できるだけ早い気付きと支援が必要である。

① 発達障害の特性と理解

「発達障害」といってもいくつかのタイプがあり，その境目は明確ではない。それぞれの特徴が重なり合っている場合も多く，年齢や環境によっては目立つ症状が違ってくることもある。いずれにしても，生まれつき（脳）の一部の機能に障害があるという点が共通しており，本人の努力不足や親の育て方の問題では決してない。

さまざまなつまずきのある子どもを見ると，発達の様子がアンバランスで，理解されにくい障害といえる。子どもの個性や主体性の尊重という理念を理解したうえで，一人ひとりの教育的ニーズを把握し，それに対応した指導や支援を行うことが大切である。

診断については，あくまでも医療機関で行われるものであり，教育にかかわ

る者が診断や特定をすることがないよう留意すること。

> ●発達障害は，子どもの脳の特性が原因で起こる発達の偏りで，子育ての失敗などによって引き起こされるものではない。

②実態把握から特性に応じた対応へ

　一人ひとりに応じた一貫性のある教育的支援を進めることにより，子どもは混乱したり迷ったりすることが最小限になり，安心して力を発揮することができる。そのためには，子どもの特性や背景を正しく把握し，実態に基づいた支援や指導を進めることが重要である。

　「気になるな」と思う子どもがいるなら，行動の原因を探ってみることである。そこから気付くことがある。その「気付き」から支援のあり方を見つけることができる。

　子どもによっては多々の要因が考えられるが，その要因となる背景はそれぞれに違っている。したがって，支援の方法も変わってくるということを理解しておくとよい。

表9-1　「通常の学級でできるアセスメント（学習面）」の例

方法	こんな場面で	間違いの様子	確かめるところ
音読	各教科の音読	・たどたどしい読み方 ・読み間違いが多い ・読み飛ばしがある	・文字を見て，すぐ読み方がわかる？ ・特殊音節は正しく読める？ ・言葉のまとまりをとらえる力がある？ ・文章に沿って，眼球が動く？ ・読みたい文字を注視できる？
読み取り	国語の読み取りテスト	・読んで理解できない ・時間がかかる ・問いの内容と答え方がちぐはぐになる	・簡単な内容を読んでわかる？ ・文章を読んで場面を想像できる？ ・意味のある言葉の記憶は？
復唱	伝達・お使いなどのお手伝い　伝言ゲーム	・覚えられない，何度も聞き返す，途中で間違う ・一部だけ覚える（初め・終わり）	・話に注意を向けておくことは？ ・聞いたことを覚えておく力は？ ・音を性格に聞き取る力は？
用具の使い方	鉛筆の持ち方・定規やコンパスの使い方・はさみの使い方	・持ち方がぎこちない ・作業が雑になる ・時間がかかる ・道具がうまく使えない	・手先の不器用さは？ ・道具の持ち方は？ ・左右違った動きは？ ・目の動きは？ ・自分の身体のイメージができる？

また，発達検査等を活用して子どもの全体像をとらえる方法もあるが，標準化された検査だけが，子どもたちのもつ特性を評価するものではないということも理解しておく必要がある。

　日常の子どもたちの行動や，ノート・作品などにはたくさんの情報が含まれているととらえ，子どもの得意・不得意を把握するとよい。

　子どもの見方・要因がわかることで，どんな支援が必要かをイメージしやすくなる。

○「AD/HD（注意欠陥／多動性障害）の子ども」の例

　AD/HDは，中枢神経系の機能障害といわれている。不注意・衝動性・多動などが特性といわれている。周囲の無理解から「うまくできない→叱責を受ける→自信喪失」という悪循環になり，二次的な問題が深刻になる場合がある。

　好ましい行動をほめ，肯定的な自己イメージがもてるよう配慮することが大切である。集中しやすいように座席の配慮や視覚的な手がかりの利用，指示の仕方の工夫，成功体験を増やすような設定など，環境の調整をしていくことが有効といえる。

③自閉症（Autistic Disorder）の定義と支援

　自閉症は，3歳位までに現れ，「社会性の障害」「コミュニケーションの障害」「想像力の障害」の三つの障害が認められる。関連して，興味や関心が狭く特定のものにこだわることを特徴とし，反復的な行動パターン（常同行動）を示しやすいことがあげられる。中枢神経系に何らかの要因による機能不全があると推定されている。最近では，症状が軽い人たちまで含めて，自閉症スペクトラム障害という呼び方がされている。

　生まれつきの脳機能障害で，症状が軽い人たちまで含めると，約100人に1人いるといわれている。自閉症の状態像は非常に多様であり，信頼できる専門家のアドバイスをもとに，状態を正しく理解し，ニーズに合った適切な療育・教育的支援につなぐのがよい。

　幼児期では，「目が合わない・ほかの子に関心がない・言葉が遅い・一人遊びが多い・指さしをしない・名前を読んでも振り向かない・落ち着きがない・かんしゃくが強い」などの症状がある。また，児童期・青年期にはAD/HD（注意欠陥／多動性障害），LD（学習障害），てんかん等をおこしやすいことが知られている。

かんしゃくや多動，こだわりなど，個別の症状は薬によって軽減することもあるが，専門家のアドバイスをもとに状態を正しく理解したうえで，個々のニーズに合った適切な支援につなぐ必要がある。

　乳幼児期から成人へ，家庭療育〜学校教育〜就労支援へと子どものライフステージを通じて，一貫したサポートが必要である。

　近年の自閉症療育では，特有の認知特性に応じた働きかけと，環境の調節をすることの大切さがいわれており，代表的なものにTEACCHプログラムやABA（応用行動分析）がある。

●TEACCHについて
　1960年代にアメリカのショプラーによって創始された，自閉症のための包括的支援プログラム。自閉症の特性を理解しながら，社会生活に必要なスキルを個々の能力に応じて身につけさせることを基本とする。視覚的構造化による支援を重視しながら，子どもを取り巻く環境を整えることで，苦手とすることをカバーしていく。子どもの劣っているところに注目するよりも，すぐれている機能が発揮できるように支援するものである。

　構造化された支援として，例えば「いつ」「どこで」「どのような活動をすればよいか」など，スケジュールの提示をする。活動別に教室などを区切り，「この場所ではこの活動をする」というように，活動と場面を対応させて構成することで，本人がわかりやすいような配慮を行っていく。自閉症の人が知覚，認知，理解しているものと，私たちの意味づけしていることに多様な相違があることも理解しておくとよい。

　学習場面では，視覚的支援（写真や絵）を用いた教材を使用することが有効であり，あらかじめわかっている予定変更などは事前に伝えておくと混乱を未然に防ぐ手立てとなる。

④高機能自閉症の定義と支援

　高機能自閉症とは，3歳位までに現れ，自閉症のうち，知的発達の遅れを伴わないものをいう。また，中枢神経系に何らかの要因による機能不全があると推定される。

　アスペルガー症候群は，知的発達の遅れを伴わず，かつ，自閉症の特徴のうち言葉の発達の遅れを伴わないものである。高機能自閉症やアスペルガー症候

群は，広汎性発達障害に分類される（文部科学省「今後の特別支援教育の在り方について」最終報告，2003〈平成15〉年3月）。中でも，高機能自閉症の子どもは，教室の中で孤立していても，あまり苦にしていないように見えたり，難しい言葉を知っているかと思えば当たり前の常識がないように見えたり，「変わった子ども」と受け取られることが少なくない。しかし，本人は，環境や集団に対して不安やストレスを感じている場合がある。

○「高機能自閉症の子ども」の例

特徴としては，会話がうまくかみ合わない。相手の気持ちを理解することが難しい。相手の嫌がることを平気で言ってしまう。暗黙の了解がわからない。突然の予定変更を嫌がり混乱する。

「△△博士」と言われるほど，特定の分野に詳しいなどがある。

変更を嫌がるのは，自分なりの手順があったり特有の感じ方があったりして，不安に思うということを把握しておくとよい。事前に予定の変更や作業の終了を知らせることで，見通しのなさへの不安が軽減し，落ち着いて次の取り組みに移ることができる。

⑤学習障害の定義と支援

LD（Learning Disabilities）は，1999（平成11）年文部科学省の調査研究協力者会議による報告書「学習障害児に対する指導について（報告）」で次のように定義している。

「学習障害とは，基本的には全般的な知的障害に遅れはないが，聞く，話す，読む，書く，計算する又は推論する能力のうち特定のものの習得と著しい困難を示すさまざまな状態を指すものである。その原因に中枢神経系に何らかの機能障害があると推定されるが，視覚障害，聴覚障害，知的障害，情緒障害などの障害や，環境的な要因が直接の原因となるものではない」。この定義にあるように，知的障害はなく，6つの基礎的能力のいずれかに著しい遅れやアンバランスがあるのが特徴である。

支援としては，子ども一人ひとりの学び方があることを理解し，その特性にあわせた学習方法を見つけることである。例えば，聞くことが苦手な子どもにはキーワードを黒板に書いたりカードや写真を提示したりして，具体物を提示し理解を促していくとよい。

LDのある子どもの中には手先の不器用さがあることや，協応運動を苦手と

する子どもがいる。例えば，日常の遊びやゲーム・体育の授業や運動に参加する中で思うようにできなかったり，はさみや糊づけ作業などの手先を使う場面で時間がかかったりする。友達と同じようにできないことにより，自信をなくしたり達成感がもてなかったりするなど，自尊感情の低下にも影響することがあるので気をつけなければならない。

　本人の水準に合った課題を提示する，できる学習内容からスモールステップで行う，本人のペースを見ながら教える速度に気をつける，すぐにフィードバックするなどが有効となる。

⑥発達障害の二次障害

　発達障害の二次障害は，学校不適応・学力遅滞・不登校など，さまざまな状態が予想される。実際は多動性や衝動性そのものより，二次障害の方が大きな問題になることがある。

　例えば，どの子にもどの学校にでも起こりうる「いじめ」という問題がある。コミュニケーション力の不足から，「いじめ」の対象となったり「学級崩壊」のときに発達障害のある子どもが被害者の立場になったりするケースである。

　問題が深刻化する前に，あらゆる有効な手立てを探ってみることが重要である。問題行動や不適応状態になりかけたときに，そのサインを見逃さずに手を打つことが解決の一歩につながる。すべてのケースに有効な技法や支援法が存在するわけではない。しかし，その子どもの認知特性や社会性，運動能力などの的確な把握に努め，全体像を共有しつつ適切な支援を検討していくことが必要である。発達障害の子どもたちの理解を深めることで，その子に応じた支援が見えてくるのである。

(3) 特に配慮を必要とする児童への対応

　特別支援教育は，一人ひとりの子どもの教育的なニーズに応えようとするものである。子どもたちを取り巻く教育の場には，通常の学級，通級による指導，特別支援学級，特別支援学校があり，それぞれ環境整備の充実を図っているところである。また，こうした教育資源の組み合わせ（スクールクラスター）を効果的に活用し，一人ひとりの教育的ニーズに応えようと連携を進めつつある。

　ぜひ，特別支援学校や通級指導教室，特別支援教育センター，福祉作業所などの実習や行事参加，ボランティア活動に取り組んでほしい。子どもたちの様

子や関係者の方々の指導や支援の様子を知る・体感する機会をもつことが教育にかかわる第一歩である。

①教育現場等での，子どもたちへの配慮について
- 子どもたちはよく見ている。言動や態度，大人が手本となる。
  人生の先輩として，礼儀・言葉遣い・態度・服装　等々に気をつけよう。
- 子どもの特性や友達関係など，担任の先生方から事前に教えていただこう。
  適切な支援や方法を知って，できるだけ同じ対応に心がけよう。

例えば　「○△〜気になるな…？」と，気付いたら
　　　　子どもの行動の背景には必ず意味がある。
　　　　気付く目はとても大切である。

例えば　「なんでできないの？」「なんであんなことばっかりするの？」
　　　　周囲が困ってしまうことが多い。でも，本人はどうだろうか。
　　　　本当は，本人が一番困っている状況にあるかもしれない。

例えば　どの子も，「わかってほしい！」「ほめられたい！」の気持ちをもっている
　　　　障害の有無にかかわらず，子ども一人ひとりのよさを見つけよう。

例えば　たたいたり，押したり，すぐに手が出る
　　　　「たたいたらダメでしょう！」だけでは，子どもはわからない。
　　　　⇒「嫌だったんだね」「わからなかったんだね」
　　　　「そういうときは，〜と言おうね」
　　　　⇒「○君はこう思っていたから〜したんだよ」
　　　　自分の気持ちを言葉に置き換えるのが苦手，伝える言葉が思いつかない。
　　　　そのためにも，先生方との情報交換をしよう。

例えば　じゃんけんに負けたらカッとなって怒ったり，泣きわめいたりする
　　　　⇒「勝ちたい気持ちが人一倍強いのね」
　　　　⇒「負けることもあるよ」って，伝えよう。
　　　　障害名でその子を語るのでなく，その子の気持ちを理解してその子のことを語ろう。

例えば　手先が不器用で，うまくやろうとしてうまくできない
　　　　⇒「頑張れ　頑張れ」だけでは余計に力が入ってしまう。

⇒掌全体に力を入れる活動や，遊びや日常生活の中で楽しみながらできる活動を取り入れる。あるいは休み時間にいっしょに楽しみながら，力の入れ方やコツを教えてあげよう。

②教育現場等へ実習に向かう皆さんへ
- 子どもたちは，皆さんが自分の教室に来てくれることや，いっしょに遊んだり学んだりできることを，とても楽しみにしている。
- 子どもたちは「百人百通り」，「みんな違ってみんないい」。
- 子どもたちは必ず伸びる芽をもっている。
- 子どものもつ力を信じ，担任の先生方とともに支援者の一員として取り組もう。

（野坂静枝）

〈引用・参考文献〉
- 神戸市教育委員会（2008）『気づきから支援へ「小・中学校における通常の学級担任のための指導事例集」』
- 中尾繁樹（2013）『通常学級で使える「特別支援教育」ハンドブック』明治図書
- 佐藤暁（2004）『発達障害のある子の困り感に寄り添う支援』学習研究社

10. 児童理解と指導

　この章では，教育実習のみならず，実際の学校現場で子どもたちの教育に携わり，指導していく際に把握しておかなければならない背景としての実社会の構造や社会環境の変化について概説した。特に，近年わが国で急速に進む情報化，少子高齢化，核家族化，家庭や地域社会の教育力の低下，貧困の浸透，児童虐待といった現象が子どもたちに与える影響などについて概説した。また，そうした状況の中に置かれている子どもたちをどう理解し，子どもたちとどのようにコミュニケーションを図り，指導していくのかについても述べている。

(1) 最近の児童の状況

　最近の子どもたちの意識や言動に大きな影響を及ぼしているメディアの発達，家庭・地域社会の変化，社会全体の風潮の変化，貧困家庭の増加といった子どもたちが生活している背景を把握し，認識することは，目の前にいる子どもたちを理解し，指導していくための重要な要素である。
①新しいメディア技術の発達の影響等
　近年，パーソナルコンピュータ（以下「パソコン」），インターネット，携帯電話（スマートフォンを含む）等のいわゆる新しいメディアの発達は目覚ましく，私たちの日常生活や考え方・見方に大きな影響を与えている。
　現在，テレビやビデオはほとんどの世帯に普及し，家庭用ゲーム機も多くの家庭で所有している。また，パソコンや携帯電話の普及も著しく，2008（平成20）年に神奈川県教育委員会が行ったアンケート調査によると，小学生の回答総数4,891名のうち，小学校4年生の29.7％，同6年生の45.8％が携帯電話を所有している。この結果をみると，新しいメディアの象徴ともいえる携帯電話が小学生の間にも着実に浸透し，増加していると考えられる。
　同じアンケート調査で，新しいメディアのツールとして代表的な電子メールやインターネットについてみると，携帯電話の使用目的の項目で，小学4年生

は電話48.5％，電子メール44.7％，インターネット6.8％，小学6年生は電話20.7％，電子メール70.5％，インターネット8.7％となっている。また，自宅のパソコンでのインターネットの利用についての項目では，小学4年生は77.7％，小学6年生は83.0％が利用していると回答しており，小学生の日常生活においてインターネット空間が身近に存在していることをうかがわせる。

さらに，同アンケート調査で，なりすましメールが届いたことがあるか，という項目では，小学生全体（4年生と6年生の合計）で4.2％が「よくある，わりとある」と回答しており，インターネットの掲示板・プロフ・ブログ[1]などで「いやなことを書き込まれたことがあるか」という項目では，小学生全体で2.5％，逆に「暴力的表現・いじめの電子メールを送ったり，掲示板・プロフ・ブログなどに書き込み，相手に嫌な思いをさせたことの有無について」の項目では，小学生全体で1.7％が「よくある，わりとある」と回答している。数値的には低い％ではあるが，情報社会の影の部分が小学生の生活にもかいま見える。

このように新しいメディアが発達・普及している現代社会の中で生活する小学生（児童）にとって，パソコン，インターネット，携帯電話等は生まれたときから日々の暮らしの中に日常的に存在するものなのである。

児童にとって，新しいメディアの発達・普及は他人との人間関係を構築する方法や対象，活動や趣味の範囲を拡大するとともに，新しい情報を得たり，調べ学習などの自学を促す勉学などの面でもメリットは大きい。

しかし，その反面，上記の影の部分にあたる，匿名による誹謗中傷やいじめ，有害情報や悪意ある情報の流布による被害者や加害者になるなど，児童の生活や行動，長時間使用による健康面等への悪影響が懸念される。

国（文部科学省）においても，子どもの徳育に関する懇談会（2009）で，「メディア社会の進展は，子どもの成長・発達等にどのような影響を及ぼしているか：テレビ，ゲーム，携帯・ネット等がもたらす負の影響（の可能性）について，どのように捉えるか」や「子どもとメディアとの関係について，どのように考えていくべきか：成長期におけるメディアとの"適度なつきあい"とは，どのようなものであるべきか」等について議論がなされている。

②家庭・地域社会等の変化を背景とした体験活動の減少

児童の教育において，家庭や地域の教育力の低下が叫ばれる一方，学校の役割や責任が重くなってきているといわれて久しいが，2008（平成20）年度版『青

少年白書』（内閣府：現在は『子ども・若者白書』）からもその実態が見えてくる。

　家庭は，児童が人生を生きていくためのさまざまな力を身につける基盤であるが，同『白書』によると，「9歳から14歳の子を持つ親が，平日子どもと一緒に何かをしたり，相手をしている時間がどのくらいあるかを，2000（平成12）年と2006（平成18）年で比較すると，2006（平成18）年においては平日の親子の接触時間が"ほとんどない"とした父親が増え，23.3％，おおよそ4人に1人という結果。母親においても，おおむね同様の傾向」であり，「家族の団らんの場である夕食を家族そろってとる頻度について，1976（昭和51）年から2004（平成16）年までの推移をみると，"毎日"，"週4日以上"の人が減り，"週2～3日"が増えており，2004（平成16）年では"週2～3日"が最多」であった。

　さらに，2006（平成18）年の内閣府調査において，子どもにかかわることの親の認知度の項目中で「きちんと知るためにはある程度恒常的な関わりが必要な"今，学校で学んでいる内容"や，じっくり向き合わなければ知ることの難しい"子どもが困っていることや悩んでいること"については，母親においては65％を超えているが，他の項目と比べて若干低い傾向にあり，父親の認知度の低さ（30％台）は顕著」である。

　一方，地域社会をめぐる状況では，「近所付き合いの程度について，2000（平成12）年と2007（平成19）年を比較すると，"よく行き来している"及び"ある程度行き来している"が減り，"あまり行き来しない"及び"ほとんど行き来しない"が増え，これに"あてはまる人がいない"を加えると，約6割が近所付き合いに消極的という結果となっており，近所付き合いが疎遠になる傾向」にある。さらに，「"地域の教育力"について小中学生の保護者に聞いた結果では，半数を超える保護者が自分の子ども時代と比べ低下していると回答」している。

　このような家庭・地域社会の変化の中で，子どもたちの自然や地域社会等における体験の状況はどうなっているのだろうか。2012（平成24）年に報告された香川県教育委員会の実態調査によると，調査対象は小学校3年生とその保護者1,074名，小学校6年生とその保護者1,162名の計2,236名のうちで，「海や川で貝を採ったり，魚を釣ったりしたこと」が"何度もある""少しある"と回答した小学3年生が72.0％，その保護者が85.0％，小学6年生では71.2％，その保護者が78.6％であった。また，「近所の人に叱られたこと」という項目では同回答が，小学3年生18.2％，その保護者58.2％，小学6年生25.4％，その

保護者52.1％であった。この調査結果からも時の経過とともに児童の自然体験や生活体験等が減少している実態が見える。その結果，現在の子どもたちはかつての子どもたちが有していたと思われる自然や生命への畏敬の念，家族以外の大人との間で豊かな人間関係を築く力，社会性，が希薄になっているといえよう。

③利己的な風潮，社会の風潮の変化

　内閣府が1969（昭和44）年からほぼ毎年実施している「社会意識に関する世論調査」の調査結果（1996（平成8）年[H8]→2006（平成18）年[H18]→2016（平成28）年[H28]の変遷）から見ると，「現在の世相（暗いイメージ）として，どのような表現があてはまるか（複数回答可）」を問う項目で"無責任の風潮が強い"がH8：58.5％→H18：55.6％→H28：42.2％，"自分本位である"がH8：50.2％→H18：47.2％→H28：36.9％，"連帯感が乏しい"がH8：28.3％→H18：30.5％→H28：26.6％という結果になっている。一見すると漸減傾向にあり，その時々の社会環境に影響されると思われるが，いずれの回答も前年と比較するとその割合は増加しているとともに，その数値は高い傾向にある。また，同世論調査の1975（昭和50）年の結果を見ると，「人間はだれでも何がしか社会的な役割を持っているのだから，それぞれの立場に応じた責任を果たす心構えが，常に必要だ」の項目で，"全く同感だ""ある程度同感できる"という回答が合わせて89.5％，「社会生活を送っていく上では，自分を犠牲にして社会や他人のためにつくす心構えが常に必要だ」の項目では，"全く同感だ""ある程度同感できる"の回答が合わせて66.6％であった。

　さらに，前掲の香川県教育委員会の実態調査では，「今が楽しければ，それでいいと思う」という項目で，"とてもあてはまる""ややあてはまる"と回答した小学6年生が58.5％，その保護者が40.0％であった。平成年間の世相に関する回答結果と昭和の責任に関する回答結果や小学生とその保護者を同列に論じることはできないが，日本社会に利己的な風潮が拡大し，利那的で無責任な風潮が児童にも広がりつつある実態がかいま見える。

　筆者はかつて1999（平成11）年〜2011（平成23）年に教育委員会事務局に勤務した経験がある。その在職中に，ある公立高校で起こった，こんな事例がある。すべての学校は，梅雨末期の豪雨時期や台風シーズンの時期に，大雨洪水警報等が発令されている時間帯により，児童生徒の登校に関して待機や休校を内規

であらかじめ定めている。その内規の内容は児童生徒の入学時に保護者にも説明されており，警報が発令されそうな事態に際しては，前日に担任教師が生徒たちに待機や休校措置について確認し，後日振替授業日を設定するのが通例である。ある年の豪雨で，生徒たちの登校時と同じ時間帯に警報が発令され，生徒たちは学校に到着して初めて発令の事実を告げられ，休校となったため帰宅した。その後，複数の保護者（多くは父親）から当該高校や教育委員会に苦情が殺到した。どういうことか。当該高校の生徒たちの多くは最寄りのJRや私鉄の駅からバスで学校まで通学するのであるが，保護者たちの言い分は，「子どもがわざわざ電車，バスに乗って登校したのに無駄になった。休校になるとわかっていたなら，全教職員を動員して生徒が乗車するJRや私鉄の駅に配置して生徒に知らせるべきである」というものである。

　また，筆者が公立高校の校長をしていた頃，学校評議員を依頼している隣接の小学校の校長から「毎年，遠足の日に，複数の母親から"子どもに持たせる弁当を作ることができないから，担任の先生に作ってもらいたい"という要望が校長や担任教師に寄せられるんです」とため息混じりに聞いたことがある。

　不寛容の時代であるとか，ヘイトスピーチがなされる社会において，親がわが子に注ぐ愛情やわが子が一番大事という思いは大切であるが，声高に権利や自己の利益のみを主張する空気が広まっていると懸念する。子どもたちはこのような社会や家庭の中で生活しているのである。

④貧困家庭の中で育つ子どもの存在

　『子ども・若者白書』（内閣府，2014〈平成26〉年度版）によると，子どもの貧困について以下の記述がある。

　子どもの相対的貧困率[2]は1990年代半ば頃からおおむね上昇傾向にあり，2009（平成21）年には15.7％となっている。子どもがいる現役世帯の相対的貧困率は14.6％であり，そのうち，大人が１人の世帯の相対的貧困率が50.8％と，大人が２人以上いる世帯に比べて非常に高い水準となっている。

　OECD[3]によると，わが国の子どもの相対的貧困率はOECD加盟国34か国中10番目に高く，OECD平均を上回っている。子どもがいる現役世帯のうち大人が１人の世帯の相対的貧困率はOECD加盟国中最も高い。

　経済的理由により就学援助[4]を受けている小学生・中学生は2012（平成24）年には約155万人で，1995（平成７）年度の調査開始以降初めて減少したが，その

主な原因は子どもの数全体の減少によるものである。就学援助率は，この10年間で上昇を続けており，2012(平成24)年度には過去最高の15.64％となっている。

さらに，厚生労働省の福祉行政報告によると，児童相談所の児童虐待の相談対応件数（2012〈平成24〉年度）は，児童虐待防止法[5]施行以前（1999〈平成11〉年度）の5.7倍に増加（66,701件）しており，虐待死も，2009（平成21）年度から2011（平成23）年度にかけて49人→51人→58人と増加している。また，2012（平成24）年度の児童相談所における児童虐待相談対応件数の内訳で，「虐待を受けた子どもの年齢構成別」を見ると，小学生が35.2％と最も多くなっている。

貧困家庭において，児童虐待が発生しやすいとはいえないが，豊かであると思われているわが国で，過酷な環境の中で生活している子どもたちの実態を子どもたちの教育に携わる職に就く以上認識しておく必要がある。

(2) 児童理解とコミュニケーション

わが国の社会構造や社会環境が大きく変化している現代において，子どもたちを理解し，指導していくためには，大学で学んだ知識・技術だけでなく総合的な人間力に裏打ちされたコミュニケーション力を身につけていく必要がある。

①児童理解の進め方

学校のさまざまな教育活動において，教育実践の成果を上げるか否かの重要な鍵を握るのが児童理解である。児童理解をどう進めるかについては，『生徒指導提要』に以下の記述がある（引用文中の（　）内は筆者が追記）。

>　「人は理解してくれている人には安心して心を開きますが，理解してくれていない人に対しては拒否的になり，心を閉ざしたまま対応するものだからです。（中略）共感的理解が求められるのです。児童生徒を共感的に理解するためには児童生徒について，また児童生徒の生育歴や環境などについて客観的事実を知る必要があります。ところが，児童生徒一人一人を理解しようとするときに，最も困難な問題は，児童生徒がすべて個性的な存在であるということです。それぞれ独自の特徴を持ち，一人として同じ者はいません。すべての人の人格はその個性の上に成り立っています。（中略）（児童生徒を理解するためには）集団を理解しなければならないこと…さらに集団の構造や性格そのものを理解することが大切です。（中略）（児童生徒理解を進めるためには，児童生徒一人一人の）知・情・意の働きの事実を知るだけではなく，その背景となるさまざまな事実をできるだ

け多角的・多面的かつ正確に知ることが必要です。そのため，…特に重要と思われるものは，能力の問題，性格的な特徴，興味，要求，悩み，交友関係，生育歴，環境条件などです。」

また，大阪府教育センター発行の『OSAKA人権教育ABC Part 2 集団づくり』(2009) には，"授業力に必要な「児童生徒理解」のため"として「①児童生徒の気持ち・願いをつかむとともに，児童生徒や集団のサインに気づく。②児童生徒を生活背景を含めて理解する。③課題を抱える児童生徒の本音を理解する。④児童生徒に対して「受容・傾聴・共感」の姿勢をみせる。⑤自己肯定感をはぐくむ。」などの観点が示されている。

さらに，拙文の「若手教員研修から見えてきたもの」(藤井，2010) で記した"若手教員に身につけてほしい資質"の中の「①失敗を恐れない勇気を持つ。②子どもたちに自分をさらけ出す勇気，自己開示する勇気を持つ。③イマジネーション，言いかえれば豊かな想像力を持つ。④コミュニケーション力。⑤不断の努力。」も児童理解を進める基本である。

②コミュニケーションに基づく児童理解の深まり

人間が互いに意思や感情，思考を伝達し合うことをコミュニケーションといい，言語・文字・身振りなどを媒介として行われる。

中央教育審議会答申「新しい時代の義務教育を創造する」(2005) において，優れた教師の条件として三つの要素が重要とされているが，その一つである「総合的な人間力」の中でも"コミュニケーション能力"が掲げられている。では，どのように子どもたちとコミュニケーションを図ればいいのであろうか。

上述したが，児童理解を進めるうえで重要なのは，児童を共感的に理解することである。そのためには，教師はカウンセリングマインドをもって子どもの指導に当たり，カウンセリング技法（「傾聴」や「受容」「つながる言葉かけ」など）[6]を身につける必要があるといわれる。具体的なものとしては，教育相談[7]で一般的に用いられるいくつかの手法が有効と考えられる。前掲の『生徒指導提要』にも「教育相談で必要とされる教員の資質としては，人間的な温かみや受容的態度が成熟しているなどの人格的な資質と，実践に裏づけられたアセスメントやコーピング[8]などに関する知識と技術の両面が大切です」と記されており，教師だけでなく，子ども同士のコミュニケーション能力（「話す

力・聞く力」「自分自身や他者を理解する力」「他者に働きかける力」など）を高める手法として，構成的グループエンカウンター，ピア・サポート，アサーショントレーニング[9]などが有効とされている。

　いずれにしろ，豊かな人間性や社会性といった人格的資質などを経験や研修を通して高め，それらを素地としたコミュニケーション力で子どもたちに接することが児童理解を深めることに通じるとともに，コミュニケーション力は，協働する力に通じると考える。換言すれば，ある目的の達成に向けて協力して取り組む人間関係を築く力ともいえる。教師相互が得手とするところをうまくかみ合わせ，先輩教師と若手教師が互いの経験や持ち味を生かして，チームとして教育目標の実現を目指していくのが学校なのである。

（藤井雅英）

〈註〉
1) 掲示板：ネットワークに加入している人が自由に見たり記入したりできる，コンピュータシステム上の掲示板。電子掲示板のこと。（『大辞林』三省堂）
　プロフ：主に携帯電話で利用されている，自分のプロフィールのページを作成できるサービスのこと。または，そのようなサービスを提供しているWebサイトのこと。プロフとはプロフィールの略。（IT用語辞典）
　ブログ：個人が身辺の出来事や自分の主張などを日記形式で書き込むインターネットのサイトやホームページ。（『大辞林』三省堂）
2) 相対的貧困率とは，OECDの作成基準に基づき，等価可処分所得（世帯の可処分所得を世帯人員の平方根で割って調整した所得）の中央値の半分に満たない世帯員の割合を算出したものを用いて算出。（内閣府『子ども・若者白書』2013（平成25）年度版）
3) OECD（経済協力開発機構）はヨーロッパ諸国を中心に日・米を含め35か国の先進国が加盟する国際機関。国際マクロ経済動向，貿易，開発援助といった分野に加え，最近では持続可能な開発，ガバナンスといった新たな分野についても加盟国間の分析・検討を行っている。正式名称は「Organization for Economic Co-operation and Development：経済協力開発機構」の略で，本部はフランスのパリに置かれている。（経済産業省）
4) 学校教育法第19条では，「経済的理由により就学困難と認められる学齢児童生徒の保護者に対しては，市町村は，必要な援助を与えなければならない。」とされており，生活保護法第6条第2項に規定する要保護者とそれに準ずる程度に困窮していると市町村教育委員会が認めた者（準要保護者）に対し，就学援助が行われている。
　ここでいう就学援助率とは，公立小中学校児童生徒の総数に占める就学援助受給者（要保護児童生徒数と準要保護児童生徒数の合計）の割合。（内閣府『子ども・若者白書』2013（平成25）年度版）
5) 正式名称「児童虐待の防止等に関する法律」。児童に対する虐待の防止，早期発見，保護を定める。親権の制限を盛り込み，児童相談所の権限・機能が強化された。2000年（平成12）制定。（『大辞林』三省堂）
6) 教育相談で用いるカウンセリング技法。（『生徒指導提要』2010（平成22）年3月）
7) 『中学校学習指導要領解説　特別活動編』によれば，「教育相談は，一人一人の生徒の教育上の問題について，本人又はその親などに，その望ましい在り方を助言することである。」（2008（平成20）年3月改訂）
8) アセスメント。「見立て」ともいわれ，解決すべき問題や課題のある事例（事象）の家族や地域，関係者などの情報から，なぜそのような状態に至ったのか，児童生徒の示す行動の背景や要因を，情報を収集して系統的に分析し，明らかにしようとするものである。
　コーピング：生活する中で，「困った」「つらい」などの否定的感情が要因となり，ストレス反応が生じる。この嫌悪的で不快なストレス反応を低減させ，増幅させないことを目的とした認知機能，又はそのた

めの対処法を指す。(『生徒指導提要』2010（平成22）年3月)
9) 構成的グループエンカウンター：「エンカウンター」とは「出会う」という意味である。グループ体験を通しながら他者に出会い，自分に出会う。人間関係作りや相互理解，協力して問題解決する力などが育成される。集団の持つプラスの力を最大限に引き出す方法といえる。学級作りや保護者会などに活用できる。

ピア・サポート：「ピア」とは児童生徒「同士」という意味である。児童生徒の社会的スキルを段階的に育て，児童生徒同士が互いに支えあう関係を作るためのプログラムである。「ウォーミングアップ」「主活動」「振り返り」という流れを一単位として，段階的に積み重ねる手法。

アサーショントレーニング：「主張訓練」と訳される。対人場面で自分の伝えたいことをしっかり伝えるためのトレーニング。「断る」「要求する」といった葛藤場面での自己表現や，「ほめる」「感謝する」「うれしい気持ちを表す」「援助を申し出る」といった他者とのかかわりをより円滑にする社会的行動の獲得を目指す手法。(『生徒指導提要』2010（平成22）年3月)

〈引用・参考文献〉
- 東京都教育委員会（2005）「児童・生徒の心の発達とメディア環境等との関連に関する研究」
- 神奈川県教育委員会（2008）「携帯電話及びパソコンにおけるインターネットの利用状況等に関するアンケート調査の実施結果について」p.1, pp.6-7, p.11, p.14, p.18, p.20
- 総務省（2015）『情報通信白書』
- 文部科学省所管　調査研究協力者会議「子どもの徳育に関する懇談会」の第5回会議 2009年1月　配布資料4
- 内閣府（2006, 2007, 2008, 2009）『青少年白書』
- 内閣府（2010, 2011, 2012, 2013, 2014, 2015）『子ども・若者白書』
- 香川県教育委員会（2012）『地域の底ヂカラ体験モデル事業　各年齢期における子どもの体験活動の実態調査報告書』p.1, p.18, pp.20-21, pp.24-26
- 内閣府「社会意識に関する世論調査」（内閣府）（URL：http://survey.gov-online.go.jp/index-sha.html）（2016年9月10日～10月30日に閲覧）
- 厚生労働省（2012）「福祉行政報告例の概況」
- 社会保障審議会児童部会児童虐待等要保護事例の検証に関する専門委員会　第12次報告（2016）「子ども虐待による死亡事例等の検証結果等について」
- 文部科学省（2010）『生徒指導提要』pp.43-44, p.104, p.110, p.117
- 大阪府教育センター（2009）『OSAKA　人権教育ABC　Part2　集団づくり』pp.6-7
- 文部科学省（2008）『中学校学習指導要領解説　特別活動編』p.97
- 藤井雅英（2010）「若手教員研修から見えてきたもの」兵庫県立教育研修所『研究紀要第122集』pp.59-60
- 中央教育審議会（2005）「新しい時代の義務教育を創造する（答申）」（第2章　教師に対する揺るぎない信頼を確立する―教師の質の向上―）
- 北海道立教育研究所（2012）「児童生徒のコミュニケーション能力の育成に関する研究」p.10

11. 子どもの学ぶ心理を生かした授業づくり

> 「内発的動機づけ」は，心の内面からわき出る意欲であり，知的好奇心，効力感，向上心，子どもの社会的相互作用などを生かした授業づくりが求められる。教師や子どもが見本を示すモデリングも，子どもの学習意欲を引き出す効果がある。子どもの思考が前操作段階から具体的操作段階に移行する中学年の頃は，特に配慮して授業を行う。「発達の最近接領域」の理論では，子どものレディネスに合わせるだけでなく，子どもに少し難しい課題を与える授業づくりが必要となる。「メタ認知」は，自分の状況を自分で監視して，修正することであり，学習成績と大きな関係がある。

(1)「内発的動機づけ」を生かす

 「内発的動機づけ」とは，他人から強制されて生まれるやる気ではなく，心の内面からわき出てくる意欲である。人間は，自分がおもしろいと感じたりもっと知りたいと思ったりすると，まわりから言われなくても自らすすんで取り組み，夢中になってやろうとする。この場合，親や教師から言われていやいやするのとは違い，集中力も，記憶する力も，理解する力も，格段に高まっている。
 「内発的動機づけ」を生かす授業づくりの方法の一つは，子どもの知的好奇心に働きかけることである。大人も子どもも，人間には生まれながらにして，知らないことを知りたい，わからないことをわかりたい，と思う心理がある。例えば，TVのクイズ番組で，司会者が「○○は何でしょう？」と問題を出し，回答者がその答えをパネルに書いたとする。そして，司会者が「では，一斉にパネルを見せてください」と言ったとする。この時，TVの前の視聴者はどのタレントがどんな答えを書いたかを興味津々で見ようとする。これが知的好奇心である。冷静に考えれば，どのタレントがどんな答えを書こうが，その答えが正しかろうが間違っていようが，視聴者には何の損得もない。しかし，司会者が「では，一斉に見せてください」と言ってパネルを公開すると，視聴者はその結果を見なければ落ち着かない。この心理を利用して，TV局は「その前

に，いったんコマーシャル」と言って，営業用の宣伝を入れてくる。

　「内発的動機づけ」を生かす授業づくりには，子どもの効力感や向上心に働きかける方法もある。このうち，効力感とは，自分の見方，考え方，行い方などのよさに気付いて，自分にもできそうだ，と肯定的な見通しがもてることである。人間には，「自分には，とてもできそうにない」と思うとやる気を失い，「自分が少し努力すれば，できそうだ」と感じるとやる気が生まれる心理がある。このため，子どもに与える教材は，いつも子どもの効力感を刺激するかどうかを吟味する必要がある。

　向上心は，生まれながらにしてもっている人間の本能ともいえる心の働きである。人間は，スポーツをする時，昨日より今日，今日より明日というように，日々向上したいと思っている。また，勉強やピアノなどのお稽古事でも，練習して上手になりたい気持ちをもっている。人間は本来，さまざまな障害や難問に出会っても，試行錯誤しながら粘り強く努力し，課題の解決を目指そうとする向上心をもつ動物である。授業においても，子どもの向上心にうまく働きかければ，すすんで学習するようになる。

　「内発的動機づけ」には，仲間がするからいっしょにする社会的相互作用から生まれるものもある。これは，同調の心理ともいわれる。わが国の学習指導では，今後「アクティブ・ラーニング」が主要な課題になる。問題解決学習や探究学習などで，友達といっしょにすることから生まれる内発的動機づけの考え方を活用すれば，授業中に子ども同士で討論したり，調査したり，実験したりする学習が一層深まってくる。こうした授業づくりは，子どものやる気をさらに引き出すだけでなく，確かな学力を育てる。

　以上のほかに，「内発的動機づけ」には，モデリングから生まれるやる気がある。これは，先生や友達を見本にして，自分もそのようになりたいと思う心理である。これについては，次項で述べる。

(2) 「モデリング効果」を生かす

　「モデリング効果」とは，子どもによい見本を見せ，自分もそのようになりたいと思わせて，学習を動機づけることである。これは，観察学習とも呼ばれる。子どもは授業で，教師や友達の優れた演技や作品を見ると，「自分もそうなりたい」「友達のような作品を作りたい」と感じる。例えば，体育の跳び箱で，教師

が模範演技を見せると,子どもは,先生のように上手に跳べたらいいなと思う。図画工作で,友達が描いた上手な絵を見たときは,自分もあのように上手に描けたらいいなと思う。これが,モデリング効果といわれる心の働きであり,子どもは,教師や親から強制されなくても,自分からすすんでよい演技や作品を目指そうとする。戦後約70年,日本の授業づくりの歴史を振り返ると,教師が子どもに優れた見本を見せるこうした指導技術は,急速に失われてきたように思われる。どの教科かを問わず,教師は,機会あるごとに子どもに見本を示すことが大切であり,国語の朗読,理科の実験,音楽の演奏,体育の演技,図画工作の作品などを積極的に提示して,子どもの学習意欲を高める必要がある。

モデリングは,教師がして見せるのがてっとりばやく効果的であるが,現実にはすべての学習場面で教師が見本を見せることはできない。このため,授業中のモデリングは,いつも教師がするのではなく,学級の子どもに見本を演じさせるという方法も取り入れる。学級の中には,国語の朗読,美しい文字,上手な話し方,楽器の演奏,布の縫い方,ボール運動,ダンス,英会話など,子どもなりによい見本を示すことができる子どももいるので,生きた教材として活用する。モデルが演じられる場面で児童に出番を与えると,ほかの子どもにはモデリング効果をねらった学習意欲の向上が期待できるし,本人には自己効力感を高める効果が期待できる。

(3)「思考の発達段階」を生かす

子どもの考える力がどのように発達するかについては,ピアジェの思考の発達段階の理論が参考になる。ピアジェは,誕生から2歳頃までの思考を,子どもが感覚と運動を通して外界を認識する,感覚運動的段階と呼んでいる。この時期,子どもは,ものに触ったり,叩いたり,振ったりして,それを理解しようとする。大人にとっては,乳幼児がまわりにあるものを手あたりしだいに触ったり,口に入れたりする,目が離せない時期であるが,子どもにとっては,遊んでいるのではなく,理解しようと学習している時期である。

2歳〜7歳の頃,子どもは,目に見えるものや事柄について考える力が高まる。この時期は,前操作段階と呼ばれている。ただし,この段階は目に見えるとおりにしか理解できず,見かけに左右される思考である。例えば,口の広いビーカーに入った水を,目の前で細長い試験管に移すと,水の量が増えたと錯

覚する。こうした思考は直観的思考と呼ばれ，小学校の低学年頃まで続いていく。

　7歳〜11歳頃の思考は，具体的操作段階と呼ばれる。この段階になると子どもは保存の概念を獲得し，他者の立場からものや事柄をみることができる。自分中心の見方から脱却し，自分以外の観点から分析や判断ができるようになる移行期にあたる。この時期は，小学校の授業づくりで特に注意を払わなければならない。例えば，子どもが描く絵画も，それまでのピラミッドの壁画のように平面的な絵から，遠近法を取り入れた絵に変わっていく。作文も，低学年の「昨日，…しました」式の日記文から，友達，家族，協力，幸福など抽象的なテーマになり，高学年では，平和や人権など，目に見えない人間や社会のテーマについて書くようになる。算数の学習でも，それまでのリンゴ2個，みかん3個など，目に見えるものについて足し算や引き算をする思考が，分数や小数，60進法の時計の計算など，目に見えない世界での思考が求められる。このため，多くの子どもが勉強の壁にぶつかる。

　この時期は，教師や親がどのように子どもに支援するかが大切である。ここで大人が子どもに向かって「どうして，こんなことができないの？」と不用意に言うと，子どもは「ほかの子どもに比べて自分はできないんだ」と思い込み，自信を失い，学習意欲を低下させる。思考の発達が前操作的段階から具体的操作段階に移るこの時期に，多くの子どもがつまずくのは，むしろ当然である。教師や親の仕事は，そこで「どうして，できないの！」と叱ることではなく，どのようにすれば効果的な支援になるかを考えることである。中学校に入る頃，子どもは，言葉や記号を使った抽象的な思考が可能になる。この段階は形式的操作段階と呼ばれ，仮説を立てたり，推論したりできるようになる。このため，仮説を立てて実験や調査をしたり，論理的に結論を導いたりする学習が，子どもの考える力を伸ばしていく。教科の時間や総合的な学習の時間などで，予想を立て，討論し，検証する学習を多く取り入れる。

(4) 「発達の最近接領域」を生かす

　「発達の最近接領域」はヴィゴツキーが唱えた教育理論で，子どものレディネス（準備の状態）に合わせた教育をするだけでなく，適切な指導や支援があれば，より高度な教育を行うことが可能になると考える。この理論は，教育は

子どもの発達段階に合った内容を行うという従来の考え方から，教育は発達段階に達する前に行うことが可能で，むしろその方が，子どもの発達をより一層促進するという考え方に大きく転換する。この理論では，子どもの発達は，子どもが自分の力で達成できる水準と，他人からの援助や協同があれば達成できる水準とがあり，教師の主要な仕事は，後者を見つけて適切な支援をつくり出すことであるとされている。

「発達の最近接領域」の理論は，家庭における，子どものきょうだい関係を思い浮かべるとわかりやすい。きょうだい関係のある子どもの場合，長子は，初めての子で愛情を一身に受けて育つためか，比較的おっとりしていて，行動は慎重である。下の子は，兄姉といっしょに遊ぶため，結果として発達段階を超えた多くの課題にぶつかり，無意識のうちにそれを乗り越えようとする。その結果，まわりからみると，下の子は，兄姉が同じ年齢ではしなかったような行動をしたり，言葉を発したりする。人間関係においても，兄姉よりたくましく生きているように見える。このように，下の子が，上の子よりも発達が早いように見えるのは，発達段階より難しい課題を与えられる「発達の最近接領域」の効果が働いたためであるとも考えられる。教師の適切な援助や子ども同士の協働学習を前提に，子どもに少し難しい課題を与えて，発達を一層促そうとする教育観は，授業づくりにおける重要な問題提起となる。

「発達の最近接領域」の理論に従えば，教師は，子どもが自分の力でできる学習過程を考えるだけでなく，子どもにとって少し難しい，教師の適切な支援を得てようやく成立するような学習過程を考案する必要がある。そこで問題になるのは，教材の選定と授業における教師の出番である。教材は，子どもにとって少し難しめの歯ごたえのあるものの方がよい。また，教師の出番は，ただ子どもの様子を見ているのではなく，子どもが繰り返して挑戦し，あと少しで課題を達成できるときに教師がそっと手を添えてやればいいことになる。つまり，どこで教えて，どこで教えないかという指導法の意思決定が，「発達の最近接領域」の考え方を生かした授業の成否を決めることになる。

(b) 「メタ認知」を生かす

メタ認知とは，いま取り組んでいる自分の状況について，それが順調に進んでいるかどうかを自分なりに監視し，修正が必要かどうかを自分で判断するこ

とである。学習場面においては,「最近,自分はあまり真剣に勉強していない」とか,「いまはあまり上達していないが,自分なりに一生懸命練習をしている」など,自分を見つめるもう一人の自分が,自分を評価することを意味している。生活場面においてもこうした機会はあり,「部活で,自分はよく頑張っている」とか,「自分は新しいクラスにまだなじんでいない」など,自分が置かれている状況を第三者的に見つめることである。

　メタ認知能力の大切さは,子どもの学習成績と大きく関係すると考えられる点である。例えば,定期試験の前は誰も,その結果がよくなるように準備をする。そして試験の結果が出たら,試験前の自分の取り組みのよし悪しを振り返って,次の機会に生かそうとする。これが,メタ認知能力である。一般に,勉強の成績がよく,学習成果が上がっている子どもはメタ認知能力の高い子どもであるといわれる。親や教師から言われなくても,自分で学習の取り組みを改善することができるのである。これに対して,メタ認知能力の低い子どもは,自分の学習がうまく進んでいるかどうかを評価できない,あるいは,評価しない傾向にある。どの学習法が自分に向いているか,試験前にはどんな取り組みをすればうまくいくかを,自分で考えようとしないのである。この場合には,学習方法の改善は行われず,ただやみくもに勉強して,それで効果が出なければ自分の能力のせいだとあきらめてしまう結果になる。

　自分で自分を見つめるメタ認知能力は,各教科の知識・理解や技能などの学力を伸ばすだけでなく,自分から主体的に学ぼうとする態度,すなわち学習力を育てる効果もある。自分で自分の学習状況をモニター(監視)し,コントロール(制御)できる能力は,新学習指導要領で求められている,学習への関心・意欲・態度,思考力・判断力・表現力,技能,知識・理解を育てることにも大きく関係する。これからの教師は,授業や授業以外のさまざまな教育活動で,子どものメタ認知能力を育てる工夫が求められる。

(長瀬荘一)

〈引用・参考文献〉
- 長瀬荘一 (2008)『若い教師力アップ選書1　図解　伝統的な教育理論に学ぶ授業づくりの基礎』明治図書

12. 教育実習における学習指導案の作成

> この章では，教育実習において作成する学習指導案について述べている。授業計画の節では，授業を構想するにあたって必要となる基本的な考え方を述べるとともに，指導計画において一般的に用いられる言葉の意味や運用についても概説している。その中では，細案を用いた授業の構想等にもふれている。学習指導案の意味と作成についての節では，一般的に用いられている学習指導案を参考に，各項目の記述内容および記述方法を説明している。説明では，教科による目標や評価の設定の違い，児童観，教材観，指導観の具体的な記述内容，指導上の留意点の述べ方などについて具体的に説明している。

(1) 授業計画

①授業を構成する要素

　一般的に授業と呼ばれるものは，学校において1単位時間で行われる学習活動を指している。具体的にいうと，1週間の時間割で示されている「火曜日の1時間目は算数」と呼ばれるような「コマ」が1単位時間にあたる。一方で，学習指導要領に定められた目標と内容は，単元を通して具現化され，授業において具体化するように構想されるのが一般的である。その関係を表したものが次の図12-1である。

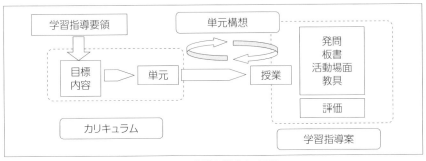

図12-1　授業を構成する要素

単元とは，学習指導要領に示された各教科等における目標と内容に準じて設定されている。これらの目標と内容は学年ごとに設定されており，さらには各教科等の領域なども配慮して構成されている。例えば，算数であれば「数と計算」「量と測定」「図形」「数量関係」の4つの領域について，学年ごとに目標と内容が設定されており，例えば，算数の4年「数と計算」領域について学習指導要領では以下のように記述されている。

〔第4学年〕
1　目　標
　(1) 除法についての理解を深め，適切に用いることができるようにする。また，小数及び分数の意味や表し方について理解を深め，小数及び分数についての加法及び減法の意味を理解し，それらの計算の仕方を考え，用いることができるようにする。
　　（以下略）
2　内　容
A　数と計算
　(1) 整数が十進位取り記数法によって表されることについての理解を深める。
　　ア　億，兆の単位について知り，十進位取り記数法についてまとめること。
　　（以下略）

　学習指導要領の目標と内容に準じて設定された単元は，その区分だけでなく学習の時期についても学校や自治体で統一されている場合が多く，指導計画としてカリキュラム化されている。学校において学習計画を立てる場合，一般的には教科書に示された単元をもとにして実施される場合が多い。
　担任が学級において学習計画を行う場合，単元自体の構成から考える場合はほとんどなく，基本的には設定された単元の目標と内容を解釈し，1単位時間あたりの授業内容を構想することになる。ただし，授業の目標と内容を構想する場合には，単元の目標と内容とのかかわりを考慮する必要があることから，絶えず単元全体と実施する授業を関連づけて考察することが求められる。これらの授業づくりのプロセスを単元構想と呼んでいる。
②単元構想と本時の学習の計画
　単元構想とは，学習指導要領の目標と内容に準じて単元の構成を考え，学習計画として具体的にどのように学習を進めていくのかという計画を立てること

である。先にも述べたように，多くの学校では，単元として教科書に示された区分を用いて学習を進めている。その単元の学習計画は，教科書会社が作成する指導書や教科書会社のホームページ（以下，HPとする）に例示されている。

　一方で，例示された単元の学習計画はあくまでも一般的なものであり，担当する学級の子どもにとって適切なものであるかどうかを吟味する必要がある。そのためには，レディネステスト等の方法を用いて診断的評価を実施し，単元前の子どもの実態を把握する必要がある。そして，それらの情報をもとにして学級の子どもに適した指導を行うことが重要である。

　単元構成は教科によって特徴があり，国語科のように単元の内容を通して「話すこと・聞くこと」「読むこと」「書くこと」のような資質・能力の育成を行う教科では，単元全体の目標と各時間における目標をどのように結びつけていくのかということが重要となる。それは，社会科においても同様である。一方，算数科のように既習の知識・技能を活用して新たな知識・技能を獲得させる教科では，単元を通してのつながりを意識しながらも，それぞれの時間において獲得させる知識・技能を明確にする必要がある。単元構想においては，このような教科の特性を知り，単元全体と本時の学習を相対的にとらえることが重要となる。

　単元の学習計画ができあがると，次は各授業の構想を行う。各授業を構想することを本時の学習計画といい，本時と呼ばれる1単位時間ごとの内容を吟味することである。本時の学習計画では，授業の流れを形成する発問，板書，活動等を考えるとともに，使用する教具や教材について詳細に考える必要がある。また，本時の学習計画を行ううえで留意する点は，絶えず単元の指導計画との関連に注意し，本時が単元においてどのような役割を果たすかを考慮することである。その際，単元を通しての子どもの理解度や興味関心にも気を配ることが重要である。

③授業設計について

　授業設計とは，先に述べた本時の学習計画を行うことである。授業設計にあたっては，本時が単元においてどのような位置づけにあるのかを確認する必要がある。この場合の位置づけとは，指導計画の第何次の何時間目にあたるのか，というような単元全体の時数における本時の役割を示している。しかし，その位置づけには，単位全体の時数の何時間目にあたるのかという形式的なことだ

けではなく，単元の目標を達成するために本時がどのような役割を果たすのかという内容面も含めて授業設計することが必要である。

そこで，授業設計にあたってはじめにすべきことは，本時の目標を確認することである。本時の目標は教科書会社が作成する指導書や教科書会社のHP等に例示されているものを使用する場合が多く，例えば，次のような文言で述べられている。

- 「3位数－3位数」で，百の位から十の位に繰り下がりが1回ある筆算ができる。
- 「金閣」と「銀閣」の写真や関連した資料を活用して，その特徴や時代背景，建造の目的などを踏まえて，「室町文化はどんな文化か」を考えることができる。
- 中心人物の気持ちが変化した理由について考えることができる。
- 空気鉄砲の仕組みについて予想をもとに実験し，玉の出方から空気が押し縮められていることがわかる。

授業設計においてはこれらの目標を引用して行う場合が多いが，その場合にはその目標によって児童にどのような技能や知識を身につけさせるのか，また，どのような考え方を発揮・伸長させるのかを授業者が吟味する必要がある。それは，自分の学級の児童の実態を踏まえて授業設計を行う必要があるという点から，本時の目標が達成可能であるかを吟味し，場合によっては学級の実態に合わせて目標を変更する必要があるからである。また，目標を吟味する理由のもう一つは，本時において学ばせる内容の価値を授業者が把握するためである。例えば，算数では学習している内容がそのまま概念獲得につながらない場合が多い。整数の四則計算は中学校において「負の整数」を学んではじめて概念として確立するものであり，「正の整数」のみを学習する小学校では，整数の四則計算の概念獲得には至らないということである。このような小学校の学びの特徴を踏まえて，授業者は本時における学習内容に内在する価値を十分に把握したうえで，授業に臨む必要がある。

授業設計を具体的に表したものの一つが学習指導案である。学習指導案については後に詳しく述べるが，学習指導案に授業設計を表すことで本時の全体像をとらえることができるようになる。しかし，学習指導案に表されたものは授業設計を集約したものであり，実際に授業を行うためには，授業設計の詳細をより細やかに表したものが必要となる。それが，細案と板書計画と呼ばれるも

のである。

　細案とは，図12-2にあげたように教師の発問とそれに対する児童の発話や反応を，演劇の脚本のようにシナリオとして書き表したものである。記述に際しては，本時目標と本時の評価規準に基づいて本時の学習の柱を明確にする。そのうえで，課題の提示の仕方や活動の場の設定等を考えていく。細案を書いていくと，発問に対して児童がどのように反応するのか，児童の反応から次への発問や板書への流れ，最後のまとめに向けての児童の思考の流れなどが見えてくる。そこで配慮すべき点は，教師が授業を引っ張っていくための発問ではなく，児童が内容を理解し，主体的に活動が行えるような発問を考えることである。また，場合によっては児童の反応によって授業の流れが複数存在するかもしれないという場面に遭遇する。その場合に，それぞれのシナリオについて細案を検討するとともに，どの細案を経ても本時目標を達成できるようにするための教師の支援を考える必要がある。これらのことを考えながら，授業設計を煮つめていき，児童が主体的に活動し，興味関心のもてる授業を設計するこ

教師の支援（発問，支援等）	児童の想定される表れ
（前略） 「うまくできましたか？」 「隣の人と確かめてみましょう。」 ペア同士で並べた形を比較する。 「隣の人と**比べてみて**どうでしたか？」 「本当に同じでしたか？」 「どこが違うのかを発表してください。」 「ほかにありますか？」 色のパターンが違うカードを黒板に提示する。 「並んだ色が違うのはよくわかりました。」 「いろいろな色の合わせ方がありますね。」 「ところで，この二つは三角の**並べ方**ではどうですか？　違いますか？」 「では，色は考えずに**並べ方**で比べてみましょう。」 「並べ方はみんな同じですか？」 並べ方の違うカードを黒板に提示 「どのように違いますか。前に出てきて説明してください。」板書に整理する。 （後略）	 「同じです。」 「違うところがあります。」 「色が違います。」 「下の家のところが違います。」 「同じです。」 「並べ方が違う。」 黒板に貼られた色板を用いて説明する。

図12-2　細案の例（1年　図形）

とが重要である。

　次に板書計画について説明する。板書計画とは，文字通りに本時において板書をどのようにするのかを計画したものである。板書計画は，基本的に細案と連動して計画することが多い。板書はその時間の児童の学習の流れを構造的にまとめたものであるが，学習の流れに合わせて板書が行われることから，教師の発問や児童の発話によってその内容が左右されることがある。その点から，板書計画は，細案の作成と連動して行うことが望ましい。時系列で記された細案をもとにして板書計画を考えることは，細案を構造的にとらえることにつながるからである。

④評価規準を用いた評価計画

　授業における評価は，評価規準を設けて行われる。評価規準は単元を通しての評価規準と本時の評価規準があり，本時のものは単元の評価規準をもとにして設定されている。評価規準とは，目標に準拠して想定される学習後の目指す児童の姿を表したものである。

　本時の評価にあたっては，本時の目標を達成することで児童が身につけるべき知識や技能，また，発揮・伸長する思考等がどのようなものであるかを明らかにする必要がある。そのうえで，評価を本時においてどのように行うのかを考え，評価規準と評価方法，さらにはどの時期に行うのかを決定する。

　各教科の観点別評価の項目は，国語のみが「関心・意欲・態度」「言語事項」以外に「読む力」「書く力」「話す・聞く力」の5観点であるが，他の教科は，基本的に「関心・意欲・態度」「思考・表現」「技能」「知識・理解」の4観点とされている。単元全体では，多くの場合はすべての観点別評価の項目を設定するが，本時においては一つか二つの観点別評価の項目を設定する。それは，先にも述べたように1時間の授業においては，複数ではなく一つの目標が設定されている場合が多いからである。

(2) 学習指導案の意味と作成について

①学習指導案を書く目的

　学習指導案を書くことには二つの目的がある。一つめの目的は，実施しようとする授業がどのようなものであり，どのような考えのもとに設計されているのかを授業参観者に伝えることである。そして，もう一つの目的は，授業者が

学習指導案において授業設計を具現化することで，本時の学習内容をより深く考察し，授業の質を高めることである。

②教科等の学習指導案の作成について

　学習指導案は，実施される授業について授業ごとに作成する。各教科によって書き方に若干の違いはあるが，用いられる形式は各学校で統一されたものが使用される。図12-3に示した様式は，小学校教育実習における学習指導案フォームの一例である。学習指導案の様式は，小学校ごとで述べ方に少しの違いはあるものの，項目や記述内容はおおむね統一されたものとなっている。教育実習では，各大学等で配布されている教育実習記録簿に綴じられたものを使用することになる。

　次に学習指導案の記入について，一般的な項目をあげて記述内容を説明する。

(a) **対象・日時・場所**

　本時の授業を行う対象学級名，日時，場所を記入する。また，指導者の欄には自分の名前を記入し，押印をする。

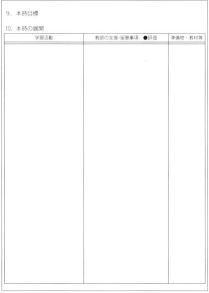

図12-3　学習指導案フォームの例

(b) 単元名

　単元の内容がわかるような名前を記入する。ただし，教科によって違いがあり，算数や理科のように身につけるべき技能や知識が単元名になる場合と，国語や社会のように作品名や活動が単元名になる場合がある。教育実習では，教科書の教材や素材を使うことが多いことから，教科書で用いられている単元名を使う場合が多い。

(c) 単元設定の理由（児童観・教材観・指導観）

　単元設定の理由は，児童観，教材観，指導観の３点から構成される。以下に，算数科の指導案を例にとって内容の詳細を説明する。

　(ア) 児童観

　　　ここには一般的な児童の様子ではなく，その時点での学級の児童の実態について述べる。その際，育っていると思われる点と課題と感じられる点の２観点を意識しながら，学習内容にかかわって記述する必要がある。単元内容によっては診断的評価としてレディネステスト等を行い，客観的な資料に基づいて述べることも有効である。

〈具体例〉（１年　図形）

> 「図形」領域の学習は，「形」を視覚的にとらえることから感覚的に学習を進めることが可能である。１学期の「いろいろなかたち」の学習では，児童の中には計算は苦手だが「形」の学習は得意であるという感想をもった児童がいた。一方で，「形」を視覚でとらえられることに苦手意識をもち，具体物を積むことができなかったり「形」と名前を結びつけられなかったりする児童がいた。今回の「形」の合成の学習では，多くの形にふれ，体験的な活動を通して「形」を感覚的にとらえさせる指導が重要であると考えている。

　(イ) 教材観

　　　実習授業を行う教材がその教科の系統の中で，どのような位置づけであり，児童にとってどのような意味や価値をもっているのか，なぜ，この教材を取り上げたのかを述べる。

〈具体例〉（1年　図形）

　　1年では，はじめに「いろいろなかたち」として身近にある立体を用いてそれぞれの形の特徴や性質を明らかにする活動を行った。その活動は，身近にある「もの」を「形」としてとらえることを目的としており，図形の認識における「もの」の大きさや色などを捨象し，「形」としてとらえる抽象化の過程を意図したものであった。本単元の「かたちづくり」では，「形」としての「さんかく」「しかく」の認識を深めることを目標としている。それは，2年以降での「形」から「図形」への橋渡しとなる指導であるとともに，「形」の合成，回転，反転等の操作を通して図形の空間的な認識をはぐくむことも目的としている。

(ウ) 指導観

　　ここには，本単元においてどのような指導を行うのかについて，その方針や留意点等を簡潔に述べる。子どもと教材をどのように結びつけるのか，教材をどのように子どもと出会わせるのかなど，指導するときの方法や工夫を具体的に書くことが望ましい。しかし，学習指導案が本時のために書かれるものであるだけに，ここに本時の指導について具体的に述べる場合がある。その場合には，前時と本時，本時と次時など学習内容の系統にふれながら，単元との関連を述べるとよい。

〈具体例〉（1年　図形）

　　本単元では，「いろいろなかたち」で培った「さんかく」「しかく」の認識を「さんかく」の合成を用いて，「形」に対する認識をより深めることを目的としている。指導にあたっては，概念形成という点からも体験的な活動を多く取り入れ，帰納的に「形」から「図形」への理想化に向けての認識を深めさせる指導が有効であると考えられる。
　　単元の導入にあたる本時では，はじめに「家の形」を提示する。この「形」は，これまでの「さんかく」「しかく」「まる」では種別できない新たな「形」の提示である。それは，「形」を回転や反転させて合成すると他の「形」を構成できるということを実感させるのが目的である。本時では，同じ大きさの「さんかく」として色板を用い，複数の色板を合成することで「家の形」を作る活動を設定する。作成に対する支援として「家の形」の概形をワークシートで配布し，その板上で色板を合成できるようにする。また，完成した「家の形」を書き写すことで，単元後半の線による「形」の構成につなげたいと考えている。

単元設定の理由において児童観，教材観，指導観を書く場合，児童観と教材観の順番が逆になる場合がある。それは，教科の特性によっての違いであり，算数では学習内容が系統的に明示され，単元において獲得させる知識や技能が明確であることから，先に教材観を述べ，その学習内容（教材）における児童の育ちを次に述べる場合がある。一方で，国語においては，その単元においてはぐくむべき能力は単元の学習内容に依存せず，能力の育成という観点でみている場合が多い。そのような場合は，先に児童の育ちを児童観で述べ，その児童の育ちに学習内容（教材）がどのようにかかわるかを，次に教材観で述べる場合が多い。児童観と教材観の順番は決められた様式があるわけではないことから，教育実習においては，担当の指導教諭の指導に準じてどちらから述べるのが適当かを判断することが望ましい。

(d) **単元目標**

単元目標は単元を通して到達させたい目標として設定する。単元目標を考える場合，学習指導要領に記載されている目標と内容をもとにして設定することになる。その場合に，獲得させる知識および技能，発揮させる思考や表現等を具体化したものが単元の評価規準になることから，それらの評価規準を参考にして単元目標を設定することが多い。

国語以外の教科では，単元目標は「関心・意欲・態度」「思考・表現」「技能」「知識・理解」の4観点で設定される（ただし，時間数の少ない単元では，一部の観点を割愛することもある）。

国語の評価規準については，「関心・意欲・態度」「話す・聞く能力」「書く能力」「読む能力」「言語についての知識・理解・技能」の5つの観点が設定されている。ただし，これらの5つの観点がすべて含まれる単元はない。「話す・聞く能力」「書く能力」「読む能力」のどの能力をはぐくむ単元なのか，あるいは「言語についての知識・理解・技能」をはぐくむ単元なのかについては，教科書会社が作成する指導書や教科書会社のHPなどで確認する必要がある。そのうえで，他教科と同様に評価規準を参考にして単元目標を設定することが望ましい。

(e) **単元の指導計画**

単元の指導計画についてである。これは，単元を通しての指導計画として，1時間ごとの授業内容および配当時間を記したものである。記入する場合には，

1時間ごとの学習内容を第1次，第2次というように学習内容のくくりで表す。また，本時が指導計画のどの時間にあたるのかを示すために，「本時（3／9）」というように本時の位置を表記する必要がある。

(f) **本時の目標**

本時目標は，本時の授業構成において軸となるものである。授業展開は本時目標を達成するために行われるものであり，評価規準は本時目標の達成度を評価するために設けられるものだからである。授業設計で述べたように，単元目標を参考にし，しっかりと吟味したうえで設定する必要がある。

(g) **本時の展開**

本時の展開には，大きく分けて「学習活動」と「教師の支援・留意事項・評価」の二つの欄が設けられる場合が多い。ここでは，本時の45分間の流れを要約し，わかりやすく伝えていく。この部分は学習指導案において最も重要な部分である。それは，細案や板書計画で検討された本時の進め方が述べられているとともに，前半で述べた児童観，教材観，指導観をどのように具現化しているのかを示しているからである。

以下にそれぞれの項目の記入について説明する。

(ア) 学習活動

「学習活動」には，細案や板書計画によって具体化した授業設計に基づいて本時の展開の概要を記入する。記入にあたっては，「導入」「展開」「まとめ」というように，授業の流れに沿って，活動を軸に，まとまりとして記述する場合が多い。例えば，「導入」であれば活動の提示や課題の提示，また，課題から本時のめあての共有までの部分を示す。「展開」はめあての達成に向けて児童が行う活動をまとめた部分である。その活動は，各教科，各時間によってさまざまであるが，本時における核となる部分である。最後に「まとめ」という部分であるが，ここでは練習問題をしたり本時の振り返りをしたりというように，まとめの活動を明示する。

以上の記述方法はあくまでも一例であるが，どのような記述方法であっても本時の様相を最も具体的に記述する部分であることから，ていねいに述べるとともに簡潔にまとめることが重要である。

(イ) 教師の支援・留意事項，評価

　この欄には，教師の支援，指導上の留意事項，評価等を記述する。

　教師の支援とは，「学習活動」の欄にあげた活動を実施するにあたって必要となる教師の支援を具体的に提示したものである。ここでいう支援とは，場の設定や教具・教材の提示，ワークシートの配布など多岐にわたる。ここでもすべてを記述するのではなく，重要な支援を選んで記入する。

　指導上の留意事項とは，「学習活動」について，その活動の意図を説明したりポイントとなる発問や教師の支援を補足したりする記述のことである。すべての活動について記入する必要はないが，授業の展開において節目となるような活動については記入するように配慮する。記入する場合には，活動の形態や支援の方法を述べるだけではなく，「なぜ，そのような場を設定するのか」「なぜ，そのような支援を行うのか」等の教師の意図を述べることが重要である。

　最後に評価についてであるが，これは先に述べた本時の評価規準を評価する時期も合わせて記入する。「学習活動」に合わせて記入するとよいが，評価の方法など配慮すべき点がある場合には，指導上の留意点として補足する。

(ウ) 準備物・教材等

　準備物・教材等の欄には，先に述べた教具や資料について，提示する時期に対応させて記入するとよい。この場合もすべてを記入する必要はなく，本時の展開において重要なものだけを記入する。

（榎並雅之）

〈引用・参考文献〉
- 文部科学省（2008）「小学校学習指導要領」pp.51-52.
- 長瀬善雄編著（2011）『わかりやすい！すぐに役立つ！小学校「教育実習」実践・実技ガイド』明治図書, pp.68-78, pp.88-89.

13. 実習授業の実際 ― 授業における指導技術と授業研究

> この章では，主に実際の授業に臨むに際しての授業展開の技術について解説している。他者との関係の中で思考を深化させていく授業を具現化するにあたって，児童間の考えの〈ずれ〉に着目した指導のあり方について概説した。また，授業展開の前提となる教師の「鑑識眼」の重要性と，互いの「鑑識眼」による見え方を重ね合う授業研究のあり方についても述べている。

(1) 授業展開の技術

　児童がまだ知らないこと・できないことを教師の指導によって学んでいくのが授業である。授業において児童は，教師からの教えを一方的・受動的に学んでいくのではない。児童は，教師の支援を受けながら，教室の仲間，教師とともにより優れた新たな知識や技能を協働で探求し，身につけていくのである。言い換えれば，授業とは，先人の文化遺産である不易の知識を獲得していく場であると同時に，自分のこれまで知っていた事柄や概念の意味を組み替えながら，新たな「知」として再構成していく創造的な場であるといえる。そこで教師は，授業という場を児童にとって意義深い場とするために，授業展開において多様な指導技術を駆使するのである。とりわけ，2017（平成29）年改訂の学習指導要領においては，固定化した正解を確認する授業よりも，課題を共有する異質な他者が，互いの知をすり合わせながら，協働で新しい知を創造する「最適解」を模索する授業が重視されることになる。

　このような「〈わたし〉なりの考えを〈わたしたち〉の中で精緻化する」授業を実際に展開するにあたっては，正解を児童の考え方の〈ずれ〉に着目した以下のような基本的な授業展開の技術が重要である（勝見，2014）。

①発問 ―〈ずれ〉を生み出す―

　授業構想で学習展開を暫定的に設定後，実際の授業で目の前の児童にどのような言葉として問いかけるのか，発問の想定をしておく必要がある。教師は，

発達段階や児童の実態に照らして，児童が容易に発問の意味を理解することができるように配慮しなければならない。また，発問は，本時の目標にアプローチするために，教師が意図的に時期や内容を工夫する必要があるだろう。例えば，とりわけ授業の冒頭では，「はい・いいえ」で回答する「Yes-No型発問」や，既に正解が決まっていることを問う「単純回答型発問」ではなく，主張や根拠が，個々の児童によって異なる可能性がある間口の広い発問によって，児童が〈わたし〉なりに思考したことを個々が言語化する契機となり，その後の授業を展開させることが望まれる。

このように，学習冒頭，学習展開における教師の適切な発問は，児童の思考を促す契機となる。とりわけ，学習冒頭の間口の広い発問は，児童個々の思考に〈ずれ〉を生起させるものとなる。実習授業では，一問一答で授業を引っ張る教師主導の授業ではなく，発問を工夫して児童の多様な発想や意見を生かす授業を目指したい。

②机間指導 —〈ずれ〉を見いだす，見きわめる—

机間指導とは，決して児童の活動を監視したり，行儀よく学習に取り組んでいるのかチェックしたりするための巡回ではない。机間指導は，子どもの〈わたし〉なりの感じ方・考え方，判断の内容や状況を把握する教師の重要な働きの一つである。言い換えれば，机間指導は，児童の言葉に対して形成的に質的評価を行いながら，次の活動を指導する際の手がかりを得る重要な場面であり，教師の「みえ方」が問われる重要な局面なのである。

机間指導の場面では，教師は主に次の三つの働きを行うことが重要である。

第一の働きは，直前に指示した発問に対して，子どもが考えを十分に「言語化」できていない場合，即座に問いに修正をかけることである。もし，自分の発問が機能していないことを察知したならば，課題に対する各自の作業を一旦中断させて，視点や手順等の思考の方法を，より具体的なスモールステップの内容にかみ砕いて提示したり，考えを言語化する作業時間を延長したりして，考えたことを「何を」「どのように」言語化するのかを時間をとって明確化する必要があるだろう。すなわち，机間指導とは，「どうもおかしい，子どもが動いていない」「自分の発問の意図が理解されていない」といった状況を察知し，思考する内容と言語化する方法をあらためて指導すべきかどうかについて，即時的で臨機応変的な教師の判断が問われる場面であるといえる。

第二の働きは，児童個々人の考え方の特徴やつまずきの状況を把握するだけでなく，学習者全体としての思考の「傾向」をつかむことである。その際，机間指導を行う教師の背景には，「期待する姿」としての「評価規準」を子どもが思考の深まる方向として具体的に意識しておくことが大切である。つまり，思考の深まってほしい方向に対して，今，目の前の児童はどのような位置にあるのか，全体的な傾向と状況をつかみ，直後の活動で思考を深めていくための戦略を立てるのである。

　第三の働きは，机間指導後の交流し合う場面で生かすことのできるモデル・パフォーマンスをとらえることである。机間指導直後の全体の交流場面では，ある子どもの一つの考え方を全体の場に提示・紹介することによって，〈わたし〉の考え方が〈わたしたち〉の中でより質の高い学びへと深化する転換点となる場合がある。言い換えれば，机間指導は，その直前の発問とその直後の意見交流とを一連の学習展開として機能させるために，授業の「しかけ」を見いだす重要な場面であるといえよう。とはいえ，机間指導という限られた時間の中で，すべての児童の学習状況を把握し，価値あるパフォーマンスを選択し提示することは若手教師にとっては難易度が高い指導技術である。むしろ，授業時間内に個々の考えをまとめる指導を行い，それを授業後に解釈・把握して次時に臨むことが肝要だろう。

　このように，机間指導では，児童個々人の言語化した内容の傾向とその〈ずれ〉を見きわめ，集団として思考を深化させる契機となる「言葉」の存在を見きわめる力量が必要である。児童の思考の表れとしての言葉の意味や価値を即座に見取りながら，その児童の学びがさらに高まるように働きかけたり，全員で考え方を交流する際に，どの考え方を焦点化して取り上げていくのか選定をしたりする机間指導は，教師自身の「みえ方」の力量が大きく問われる場面なのである。

③言葉かけ（評価言）―個の考えを価値づける―

　児童は，教師の問いに対して，自分なりに感じたこと，考えたことを言語化（文字化・音声化）しようとする。その言語化は，一定の時間が確保・保障された教室の学びの中で，教師の机間指導によって言語化の状況を見守られ，価値づけられる場面につながっていく。

　しかし，机間指導の場面で「ファイト！」「しっかりやりなさい」「ちゃんと

しなさい」を連呼しても，何をもって「しっかり」「ちゃんと」なり得るのかを具体的に児童に提示しなければならないことは明白であろう。言葉かけ（評価言）は目の前の児童の活動の姿に対して，その意味や価値を見取り，それを評価の言葉として児童に返していく最も日常的な評価活動なのであり，教育的価値の内容と方向（評価規準）を熟知している教師だからこそ可能な専門的力量なのである。

　言葉かけ（評価言）は，授業中の子どもの状況をon-goingにとらえて言葉をかける場合や，子どもの書いたものに対して授業前後に文字でコメントを入れる場合もあるだろう。いずれの場合も，児童の思考の深化を形成的に促すために，児童が言語化した思考の価値を見きわめる教師の力量が問われることになる。教育的価値を知る教師は，例えば，「同調（そうそう，いいね）」「確認（うん，〜なんだね）」「強化（それは大事なことだよ）」「焦点化（ここに注目してごらん）」「意味づけ（それはこういうことなんだね）」「例示（例えばこうしたらどうかな）」「指示（こうしてごらん）」などの多彩な角度の言葉かけのレパートリーを駆使している。

　このような言葉かけ（評価言）は，児童個々人の考えを意味づけるという行為であり，児童が自分自身の言語化した考えの価値を自覚化することに還流して，学びは価値の高い方向へ促されることになる。言い換えれば，活動や学習の進行過程で子どもと並走しながら，次の活動や学習が深まっていくための方向に，児童の学びの「手を引いて」やることが目的ということである。実習授業では，固有名をもつ児童の学びの状況を踏まえて，フィード・フォワードの情報を含めた言葉かけ（評価言）を行うことを目指したい。

④かかわりの組織 ―〈ずれ〉を際立たせる―

　児童個々の考えの言語化を終えて，他者と考えを交流・吟味する場面になると，児童の思考の「ずれ」を際立たせながら，多様な考え方を絡ませて授業を展開し，深化させていく教師の働きが必要になる。言葉の力を育てる授業においては，〈教師―児童〉の方向に偏重して発話が展開されるのではなく，〈児童―児童〉の方向で話し合いが深化するように，教師が思考のつながりを生むために介在することが必要である。そのためには，「わかった児童」と「わからない児童」とをかかわらせる働きかけ，児童の発話の意味を見取り，ある児童の言葉と別の児童の言葉とをかかわらせる働きかけが意図的に行われることが

大切な教師の働きとなる。
　このとき教師は，児童の発言の意味を別の言葉で置き換えて他の児童に問い返したり，複数の児童の発言を類型化して各自の立場から他の立場の考えを問うたりする。このような，児童の発言を他の言葉で意味づけ返していく行為を「リボイス」と呼び，共通の課題について言葉を重ね合いながら解釈の多様性を知り，妥当性を高めていくうえで大切な教師の関与になる。また，「リボイス」は，〈教師―児童〉間で行われるだけでなく，〈児童―児童〉間で行われることが，協働的に学習を進めていくことができる集団の特徴であるといえる。
　このような個々の児童の考えを価値づける「リボイス」や，児童同士の考え方の関係性に介在し思考にゆさぶりをかけていく働きかけは，いわば縦糸と横糸のかたちに「児童の思考を紡ぎ出す」教師の働きであるといえる。言い換えれば，〈わたし〉の考えが〈わたしたち〉の中で深まる学びを創り出していくうえでは，個々の言語表現の〈ずれ〉を思考の「ずれ」として際立たせ，すり合わせ，価値ある思考に紡いでいくという教師の働きが求められるということであり，「かかわり合い・学び合いを教師が組織する」ということにほかならない。したがって，発問後の教師は，「正答」を探しながら児童の発言を聞くのではなく，どの考え（言葉）と，どの考え（言葉）とを絡み合わせるかを考えながら聞き，その後の展開を組織することが大切である。実習授業では，児童の発言に介在し，つながりを生み出すような働きかけを行うことを目指したい。
⑤「授業の山場」における「ゆさぶり」―〈ずれ〉を生かす―
　児童は，教師から発問で提示された課題に対して，〈わたし〉なりの考え方を言語化することによって，その考えを意味や価値として自覚化し，他者との交流場面に立ち向かう。〈わたし〉の言葉が，独善的な「わたしぼっち」の言葉にとどまるのではなく，広く他者との間で認められ価値ある考え方として位置づいたり，さらには他者との交流を通して考え方がより精緻化し高次な考え方に高まったりすることが大切なのである。そのためには，児童個々人の発言を順々に発言させるだけに終始する単なる「発表会」にとどまっていては言葉を通した思考の深化は期待できない。言い換えれば，本時の授業展開を，「ざぶとん重ね型」の関連しない並列した活動の組み合わせではなく，「授業の山場」に向かう一連の課題解決の流れとしてデザインすることが大切である。
　「授業の山場」とは，1時間の中で思考が最も深まる中心場面であり，いわ

ば，本時の中で児童が「賢くなる」局面である。このような「授業の山場」で児童の思考を深めるためには，個々の児童の思考を紡ぎながら，ねらい（評価規準）に接近させるための教師の意図的な出場（でば）を伴うことが不可欠となる。これは，自分なりの考えを他者と交流し吟味し合う活動で，よりよい考え方についてのわかりや気付きを得ることによって思考のステージを上げる場面であり，意見の出し合い・つけ足しで考えを創り上げる「累積的なコミュニケーション」から，自己と互いの意見を対象化し，検討・調整（比較・統合・再構成）しながら合意形成を図る「探索的なコミュニケーション」へ転換する局面であるといえる。

このように，「授業の山場」に思考を深める教師の出場を包含する1時間の授業は，図13-1のような構成で表すことができる。そして，「思考を深める授業」においては，より質の高い考え方となるように意図的な「ゆさぶり」をかける教師の「出場（でば）」が必要である。思考を深化させる契機としての教師からの「ゆさぶり」は，例えば，「象徴的な考え方をモデルに論点を焦点化する」「複数の考え方を比べる」「関係性（矛盾点や対立点等）の存在を取り上げる」「新たな角度の見方や考え方の視点を提示する」などの，意図的な働きかけとして準備しておくことが大切となる。いずれの場合も，児童個々人の言葉を比べたり関係づけたりしながら，探索的コミュニケーションを生起させるために意図的に教師が介入する働きかけである。

このような「ゆさぶり」を確実に機能させるためには，課題に対する個々の児童の考えの特徴や〈ずれ〉の傾向を机間指導や事前のワークシート・ノートに目を通すことによっ

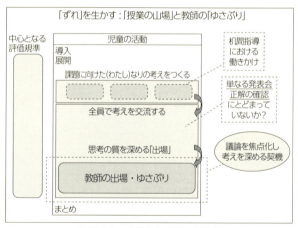

図13-1　山場のある授業の構成
（出典：勝見健史『「活用」の授業で鍛える国語学力―単元・本時デザインの具体的方法』文溪堂，2014）

て把握する。そして，本時の学びの価値の方向である評価規準と照らして，どのような次の一手を打つことが思考の深化に必要かを，授業の戦略として準備しておくことが大切であろう。

⑥板書 ―〈ずれ〉の存在と価値を可視化する―

　板書は，授業において黒板という教具を用いて，教師が児童の思考を深化させることを目的とした行為である。したがって，教師は授業にあたっては，児童の発言をそのまま記載するだけの無計画な板書を行うのではなく，児童の思考の深化を促し，児童自身が学びの変容を自覚し学びの価値を把握できるものとして機能するように計画されなければならない。例えば，板書の際には，児童同士の意見の対立や関係性を明確化したり，児童の思考の軌跡や変容を明示したりすることが重要である。また，児童個々人の発言を意味づけ，本時の授業の中に位置づけることも大切にしたい。そのために，色チョークの活用や，板書の量やタイミング，板書への児童の参加場面等を考慮しながら，構造的・立体的な板書となって児童の学習活動と一体化させることが必要である。また，板書の構造は，そのまま教師の教材解釈の構造を表すこととなる。そして，発言する児童の考えを，板書のどの位置に，どのような言葉で位置づけていくのかという点は，教材を通した学びの価値として児童の発言の意味をとらえる教師の「みえ方」の力量であるといえるだろう。

　優れた板書には次の特徴がみられる。第一に，〈わたし〉の考えが仲間とつながるという点である。それは，仲間との言葉との交流が，〈わたし〉の考え方としての特質を際立たせ，他者との〈ずれ〉を比較し見直していくことによって考えが精緻化していくからである。第二に，〈わたし〉の考えが教材の構造や価値の中に位置づくという点である。それは，言語力を鍛える授業においては，個々の発言を単に交流し合うことにとどまらず，むしろ，一人ひとりの考え方の意味について，板書に位置づけられた多様な言葉の意味や価値を関係づけながら，より高次な思考に導いていくことが重要だからである。授業を終えた児童が板書を見たとき，この１時間で自分たちの学んできた意味や足あとがわかるよう，板書を「構造的」に示すことが大切である。児童の側からすれば，「ああ，この１時間で学んだことはこういうことだったのか」と思えるような板書であるということである。実習校の教師や他の実習生の授業を観察する中で，優れた板書のイメージをレパートリーとして蓄積していきたい。

このように，板書は，単なる〈記録〉という意味合いを越えた，学習効果を期待する教師の指導技術の一つと考えることができる。そのためには，授業に臨む前に，児童個々人の考え方の〈ずれ〉の把握と，確かな教材研究が不可欠であり，授業展開の中でどのように板書を構造化し児童の考えの深まりの状況を可視化していくかについて板書計画で想定しておくことが大切であろう。

(2) 指導の前提となる教師の「鑑識眼」

　以上，述べてきた授業展開の技術を駆使するための前提になるものが，目の前の児童の活動を教師がどうみるかということである。

　授業に際しては，漢字や計算，県庁所在地の知識のように《できる・できない》が明確で量的評価が容易な学力だけではなく，読解指導や表現指導のように，「よさ」や「深まり」「でき具合」の状況を質的にとらえて，形成的に指導を重ねながら育成する学力が求められる。そのため，評価計画上に，顕著な兆候（シンプトム）である「期待する具体的な行動の姿」を評価規準として位置づけ，形成的に「指導と評価の一体化」を図らねばならない。特に，今後重視される「思考力・判断力・表現力等」を育成する授業では，〈できたか・否か〉という二分法で正誤を判断する評価ではなく，言語活動の「程度や具合」を具体的な追究の文脈や児童固有の育ちの情報と関連づけてとらえ，形成的に意味づけ・価値づけながら指導に生かしていく教師の質的評価の力量が不可欠である。

　アイスナー（Eisner, E.W.）は，授業における児童の経験の質を重視し，授業過程に着目して，「そこで何が起こっているのか」という意味を明らかにしようとする質的評価の力量が必要であると主張した。アイスナーは，授業において児童個々人が，文脈によって多様な特性を有することを教師が自覚化し，芸術鑑賞やワインの味利きのように，児童の経験の質を認識し多様な質の違いを識別できる技巧をもつことを重視して，この教師の能力を「教育鑑識眼（educational connoisseurship）」と定義した。アイスナーの質的な教育評価論は，教育活動の複雑性，偶発性，可逆性，教師や児童個々人の特性を重要視して，授業の固有の文脈において，固有名で語られる教師と児童の間で繰り広げられる事実を，質的な「みえ方」によって解釈し，状況に応じて臨機応変に対応していく柔軟性と創造性を重視する立場であるといえる。とりわけ，教育

評価の客観性に偏重することを批判し，その限界性を指摘したアイスナーは，「鑑識眼」による授業の具体的事実を解釈することを重視したのである。

したがって，実際の指導場面において言語活動における思考の「質」を高めるためには，児童の言語活動に並走しながら，多様な言語表現の質を「鑑識眼」によってとらえ，それに対して，「今，まさに働きかける契機」として，出場（でば）となる指導の「局面」を察知する教師の力量が前提となる。そして，その指導の「局面」においては，目の前の児童にどのようなフィード・フォワードの働きかけが必要か，そのために，自らの指導のレパートリーの中から何を選択し実行するのか，on-goingに言語活動の「質」を高めるための具体的な「指導」と一体化するものである（図13-2）。

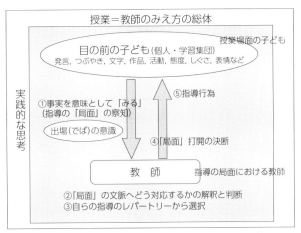

図13-2　on-goingに働きかける教師の実践的な思考
（出典：勝見健史『「活用」の授業で鍛える国語学力―単元・本時デザインの具体的方法』文溪堂, 2014）

このように，実際の授業展開においては，目の前の児童の発言や振る舞いの意味を「鑑識眼」によって解釈しながら，教師は適宜，必要な働きかけを行っていくことになる。授業前に十分な準備を行うことが，児童の言動の意味の解釈を容易にするのであり，授業における児童の想定外の言動に対しても，その意味や価値を臨機応変にとらえる構えをもつことになる。確かな「鑑識眼」を発揮することによって一つひとつの授業は支えられていくのであり，そのような実践経験を通して「鑑識眼」を洗練させていくことが，教師の力量を高めていくことにつながるのである（勝見, 2013）。

(3) 授業分析と授業研究

授業研究とは，その実践にかかわった教師たちが，目標，教材・教具，教師

と児童のコミュニケーションの様相等を手がかりにして，その教育的意義を解釈し合い，授業の最適化を図ることを目的として行われる。授業分析にあたっての視座として，教師の専門性をどうとらえるかという点について考えておくことが大切である。従来の教師は，教育学や教育心理学等が明らかにしてきた学問の知識，原理や技術を，授業の中に適用し遂行できる技術こそ教師の専門性であり，それらを豊富にもっている教師が「技術的熟達者」という優れた教師像であった。これに対し，現代の教育が抱える問題は，専門化された狭い領域の技術の習得だけでは対処できないものであり，教師が実践を行いながら，問題状況との対話を通して，実践を振り返り，探究していく過程自体に，教師の「反省的実践家」としての専門性が構築されるという考え方がある。

授業研究は，教師が専門性を高め，児童の成長に還流させていく責任ある行為である。教師は，教育学や教師心理学から導かれた法則や原理を一般化して実践にあてはめていくだけではなく，むしろ授業分析の過程において実践の場面で機能する柔軟な知識を「実践的見識」として蓄積していくことを重要視しなければならない。

①授業分析の方法

授業研究における授業分析の方法として，学校教育現場でこれまで広く採用されてきたものに，文字化された授業記録を分析する方法がある。一般的に教師の言動と児童の言動を時系列につぶさに記録し，本時の板書やワークシート等と合わせて，本時の時間内で教師と児童との間にどのような事実が繰り広げられたのかということを明らかにするのである。

文字化された授業記録（発話プロトコル：表13-1参照）をもとにして授業分析を行う場合，発言等を一定のカテゴリーに分け，数量的に分析することによって，その授業のもつ特徴を明らかにしようとする量的研究法と，教師と児童，

表13-1　発話プロトコルの例

時間	教師と児童の活動の事実	教師の思いや願い
0：08	T_1 さあ，今日の国語の授業を始めましょう。 C_1 今日は前の続きでしょ？　いやだなあ。 C_2 〇〇さん，どうしていやなの？ T_2 今日はみんなで助け合って解決していこうね。	・この児童を本時の展開の核にしていこう。

児童と児童の会話の内容や構成の特徴を，記述的に明らかにしていこうとする質的研究法がある。また，この両者を組み合わせて分析することもある。

しかし，実際の授業においては，文字化された授業記録には表されない要素が影響を及ぼしているものも多い。例えば，教師や児童の「まなざし」や身体的な位置関係，教室の雰囲気，児童同士の人間関係の履歴，教師の経験年数や服装，動作等は，学校や学級の風土や教師文化のレベルの影響を受ける要素である。授業分析においては，このような「潜在的カリキュラム」をも話題に取り込みながら，複数の教師によって授業の意味について解釈を交流し合うことが重要である。

このような文字化された授業記録を中心にすえた授業分析のほかに，VTRを用いて授業の状況を撮影し，特定の場面について焦点化して発問や活動のあり方について吟味する「再生刺激法」や「VTR中断法」，また，一貫性のある視座から，児童の学習・活動の事実を長期にわたって観察し，できるだけ具体的に叙述していく「エスノグラフィ」など多数の授業分析法がある。

②授業研究と教師の協働性

授業分析を通して，その授業にかかわった教師たちは，授業の事実を解釈し合う反省的な営みとしての授業研究を行う。「ここで教師はなぜこのようなことを発言したのだろうか」「この児童の発言の意味を，即座にすくいあげることができていないのではないか」「この場面でこの資料を配布したことは，○○さんの学習意欲をさらに高めるタイムリーな働きであった」「私ならここで○○君には，個別でこのような声かけとしての支援を行うだろう」など，一人ひとりの児童と教師の個性を前提とした解釈の交流である。実践的水準において，このような授業での具体的な事実に基づいて主観的な解釈を反省的に交流し合い，1時間の授業のもつ意味性，ドラマ性を見い

写真13-1 発話記録から具体的事実を抽出する

写真13-2 事実に対する解釈を協働的に重ね合う

だしていく行為を「省察(リフレクション)」という。「省察」によって培われる,児童の「事実」から「意味」を見いだす教師の力量は,「児童(の現象)を見ているが,児童(の意味)がみえていない」という,教師と児童との危機的な状況を回避することになる。とりわけ,幼稚園や小学校では,教師は児童の生活全体を丸ごと抱えながら,複雑で多様な事実を関係づけつつ適宜成長を支援していくことが大切(ジェネラリスト)であることから,そこでは,how-toとして理論を実践にあてはめる姿勢だけではなく,実践の中にある意味を見いだす姿勢こそが重要になるからである。

また,一人ひとりの教師の個性を尊重しつつ,校内の教師が協働で児童を見取る授業研究は,多様な年齢,立場,経験の教師が集い,それぞれの固有の「みえ方」の交流がなされることから,「鑑識眼」の育成が多元的,複眼的に促進される場であるといえる(勝見, 2008)。このような校内の授業研究の蓄積の中で,協働的な雰囲気,文化性を形成してくことが大切である。教育実習においても,児童と教師の具体的事実に対する解釈を重ね合う場を大切にしたい。

(勝見健史)

〈引用・参考文献〉
- 勝見健史(2014)『「活用」の授業で鍛える国語学力―単元・本時デザインの具体的方法―』文溪堂
- 勝見健史(2013)『ポートフォリオを活用した小学校教員の「鑑識眼」育成プログラムの開発』科学研究費補助金研究成果報告書(基盤研究(C)(一般),課題番号22530918)
- 勝見健史(2008)「教師の専門的力量を高める授業研究のあり方」『新しい学習指導要領―カリキュラム改革の理念と課題』金子書房

14. 道徳教育の実践

> この章では小学校の教育現場で道徳教育がどのように行われているのか，また，実際に道徳の授業をどのようにつくっていけばよいのかについて述べている。道徳については2015（平成27）年3月，学習指導要領の一部改訂により，道徳の時間が新しく「特別の教科　道徳」（道徳科）として位置づけられ，移行措置によって2016年4月から改正学習指導要領に則って「道徳科」の実施が可能となった。ここでは，改正学習指導要領に基づく道徳教育を教育実習の場でより主体的，実践的に学ぶことができるよう，また，実習での学びが学校における実際の道徳教育の場で生きて働く力につながるよう，具体例を交えながら概説している。

(1) 小学校における道徳教育

　道徳教育は道徳科（道徳の時間）を要として学校の教育活動全体を通じて行われる。例えば社会科の地域学習，あるいはわが国の国土や歴史・文化の学習は道徳科の内容項目［伝統と文化の尊重，国や郷土を愛する態度］につながり，理科の栽培・飼育などの体験活動は［生命の尊さ］［自然愛護］の内容項目につながる。また，算数科で培われる論理的思考力は道徳的判断力の育成に，音楽科で培われる豊かな情操は道徳性の基盤を養うことにつながる。教科等の指導だけでなく，学校の日常生活の中で起こりうるさまざまな問題に随時対処していく生徒指導の場でも限定的，直接的に行動に結びつけるかたちで道徳教育が行われている。こうした教科等はそれぞれに固有の目標に基づいた教育活動が展開され，そこでなされる道徳教育は，各教科等の特質に応じた計画によって行われるものである。つまり，理科の植物栽培・観察を例にあげれば，その学習を「生命の尊さ」「自然愛護」という道徳的価値を学ぶことにつなげることはできるが，理科学習としては「科学的な見方や考え方を養う」という教科本来の目標があるので，「生命の尊さ」や「自然愛護」という道徳的価値を養うために植物栽培・観察の学習活動全体をくくるものにはならず，道徳教育の場としてはどうしても限定的にならざるを得ない。

そこで、理科の植物栽培・観察で学んだことに関し、「生命の尊さ」あるいは「自然愛護」を主題に1時間の道徳科の授業として計画的に取り上げることで、道徳的価値についてより深く実感をもってとらえられるようにするわけである。さらに、校外学習における自然体験活動や植物栽培の当番活動、栽培委員会などの教育活動も総合的に関連づけることで、1時間の道徳授業をより効果あるものにしていく。なお、道徳科の1時間の授業で児童が学んだ道徳的な価値（「生命の尊さ」「自然愛護」などの内容項目）については、児童自身の意識が連続するよう、授業後の教育活動へ意図的に関連させていく必要がある。道徳科の授業で扱った道徳的価値が多様な場面で、児童の意識の中でつながりをもってとらえられたとき、「なるほど、こういうことなのか」とストンと心に落ちる状態となるからである。

道徳科が道徳教育の要（かなめ）であるといわれる理由は、このように学校の教育活動全体を通じて行われる道徳教育を総合的に関連づけ、扇の要のように一点に束ねる役目を担うからである。ただ、道徳科は道徳教育の中核に位置づくものには違いないが、道徳科だけが道徳教育のすべてではないことははっきりと認識しておかなければならない。教科等、他の教育活動との意図的な関連づけと児童自身がそうした関連性を意識できるようにすることを常に念頭に置きつつ、学校の指導計画に基づきながら、実際の教育現場で道徳科の授業を実践することが大切である。以下は学校の教育活動における道徳教育や道徳科の位置づけをイメージしたものである。

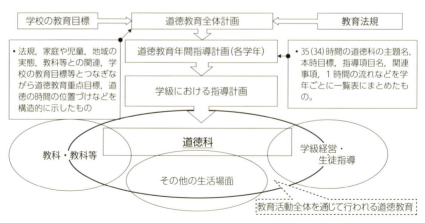

(2) 道徳の授業づくり

①道徳科の年間指導計画に従う

　学校では児童や学校および地域の実態を考慮して道徳教育の重点目標が設定される。また，道徳教育は全教育活動を通じて行われるため，道徳の内容と教科等とを関連づけたり家庭，地域との連携を考慮に入れたりすることも必要となる。各学年の指導の重点や道徳の時間の指導方針を含め，道徳教育の構想を総合的にまとめたものとして各学校では道徳教育全体計画が作成されている。この全体計画に基づき，道徳科を中心として，教材名，学習指導要領における内容項目やねらい，さらに教科等との関連などを一覧表に表した年間指導計画が立てられる（以下は，道徳科年間指導計画の例）。

第3学年　道徳科年間指導計画（35時間）

本校の道徳教育重点目標	関連する内容項目	
・思いやりの気持ちをもつ	親切，思いやり	相互理解，寛容
・生命の大切さを知り，自他の生命を尊重する	生命の尊さ	自然愛護
・正しいことは自信をもって行う	善悪の判断，自律	自由と責任

月	教材名	出典	内容項目	ねらい	教科等との関連
4	かめの横断	文部省二集	自然愛護	命あるものをいとおしむ心情を育てる	こん虫（理科）
	あやまち	児童作文	節度・節制	過ちは素直に認め，深く考えて行動する態度を養う	当番活動
5	よわむし太郎	文科省資料	善悪の判断，自律	正しいことは自信と勇気もって行う態度を養う。	生徒指導場面

　道徳の授業を実施する際には，まず学校の道徳教育全体計画で道徳科がどのように位置づけられているかを把握したうえで，年間指導計画を確認し当該月・週に位置づけられている授業を行うことが原則である。例えば3年生の担任と仮定し，5月の第1週に授業を実施する場合，上記の年間指導計画によれば，学習指導要領にある「善悪の判断，自律」の内容項目で「よわむし太郎」という読み物教材を用いた授業を行うことになる。ただ，年間指導計画は年度当初に作成される関係上，学校行事や学年行事，その他のやむを得ない事情によって，項目や教材の入れ替え，差し替えがなされる場合があるので，教育実習で道徳科の授業を行うときには指導教員との十分な打ち合わせが必要となる。

②児童の実態を把握する

　道徳科の授業は学級担任が行うことになっている。これは教科担任制が敷かれている中学校でも同様である。「よりよく生きるための基盤となる道徳性を養う」という道徳教育の目標は児童の内面に深くかかわるものであり，一人ひとりの内面を含め学級児童のことを一番よく掌握しているのが学級担任だからである。短期間，しかも年度の途中から学級児童とかかわる教育実習生が，児童の内面にふれる道徳の授業を行うことは，他の教科等の授業とは違った難しさがあるだろう。しかし，児童の内面に直接ふれ，心を豊かにはぐくむことになる道徳授業ならではの醍醐味を味わうことができるのも事実である。道徳の授業を行うにあたっては，本時のねらいとする道徳的価値にかかわる教科等や学校の生活場面での学級児童の傾向性や一人ひとりの実態をよく把握しておくことが必要である。児童の実態把握の方法としては授業や遊び，係活動，当番活動の場などで積極的にふれあったり観察したりする方法，本時のねらいに関係して場面を特定した簡単なアンケート（右表）をとる方法などが考えられる。なお，アンケートの結果は，児童の実態把握のためだけでなく，児童自身の生の姿を示す例として授業の中で副資料に使うこともできる。

③児童にとっての教材の価値を探る

　ねらいとする道徳的価値について学級児童の実態を把握する中で，児童の

> 休み時間，運動場で遊んでいると，体の大きいこわそうな上級生がやって来て私たちの遊び場をとってしまいました。
>
> ①こんなときあなただったらどうすると思いますか？
> 　（　）そのままだまってほかで遊ぶ。
> 　（　）上級生に注意する。
> 　（　）先生に言いに行く。
> ②それはなぜですか？　理由を書きましょう。

中学年内容項目A (1)「善悪の判断，自律」に関係するアンケート例

育ち，課題，今必要なことや今後の可能性などが見えてきたら，次は年間指導計画に示されている教材の児童にとっての価値を探ることになる。教材に登場する人物に自らを重ね合わせながら児童同士が話し合い，考え，議論することで自分を見つめ，ねらいとする道徳的価値にかかわる道徳性が養われる。児童一人ひとりの道徳性を高めていくことが道徳の授業における教材の役割である。読み物教材に登場する人物（主人公）は，何らかのきっかけによる内面的葛藤を経て，道徳的に低いレベルから高いレベルへ変容する姿で描かれることが多

い。主人公はなぜ道徳的に高いレベルに変容していったのか。そのきっかけになった事柄や従前の自分を超える心の変容に及んだときの主人公の心情に，教材の主たる価値が含まれている。児童は教材の主人公に自らを重ね合わせながら自分を見つめ，教科等や生活経験の中で学んだ本時のねらいとする道徳的価値に関連する事柄と結びつけて一定の気付きを得ていく。道徳科の授業では，道徳的価値を背負った登場人物（主人公）が道徳的に変容する姿を児童の心に響くよう導くことで，学びの成果が見えてくるようにしなければならない。なお，道徳の教材は主として読み物教材になるのだが，多面的，多角的に考える授業をつくっていくためには教材も多様なものを工夫する必要がある。読み物だけでなく，DVDのような視聴覚教材，新聞記事，ゲストティーチャーが語るお話など，ねらいによって効果的に活用できるものを選ぶようにする。

④指導方法を練る

　道徳授業でねらいとする道徳的価値に関する学級児童の実態を把握し，取り扱う教材の児童にとっての価値をとらえたら，次にどのように指導するか，指導の方法を練ることになる。通常，道徳の授業は１単元１主題１時間なので，１時間の授業を構想することになるのだが，道徳教育は全教育活動を通じて行われるという観点から，道徳科の時間が他と切り離されて単一で存在するということにはならない。そのため，教科等で行われる道徳教育を総合する要（かなめ）の時間として，教科等と関連づけた授業の構想がなされる。ただ，「全教育活動を通じて」とはいえ，年間35時間の道徳の時間を国語や算数，外国語，生徒指導など，教科等のすべてと関連づけなければならないというわけではない。どれか一つの教科等と関連したり，二つか三つの教科等や複数の生活場面が関連したりすることでももちろんよい。要は，道徳の時間と教科等で行われる道徳教育とを教師が意図的に関連づけ，児童にもそうした関連を意識させることで道徳教育の成果を高めていくことが大切だということなのである。既に年間指導計画で関連する教科等の内容が示されているので，本時より前に関連する教科等が実施されていれば「既習事項」として，後であれば本時の「発展的学習」として関連づけるようにする。こうして教科等との関連を念頭に置きながら，授業で教材の価値を主体的，自覚的に学ばせるための手立てを講じていくことになる。すなわち，授業の中で児童が自ら考え，議論できるような手立てをどう工夫するのか，また，１時間を貫く学習問題は何で，それをどう示していく

のか，教材をどのようなタイミングで児童に提示していくのか，学習活動の中心をどう設定するのかなど，具体的な指導の柱を構想するのである。
⑤学習指導案をつくる
　児童の実態を把握し，教材の児童にとっての価値を理解して指導方法を構想したら，いよいよ学習指導案を作成することになる。道徳科の学習指導案は主題構想（指導にあたって）と展開（１単位時間の流れ）で構成される。以下に指導案の書き方の例を示す。※は書くうえでの注意事項である。

第○学年○組　道徳科学習指導案

　　　　　　　　　　　　　　　　　　　　　指導者　○　○　○　○

1．日　時　平成○年○月○日　第○校時
2．主題名　正しいことははっきりと（A（1）「善悪の判断，自律」）
　　　※この時間にねらいとする道徳的価値を象徴する表現にする。学習指導要領の内容にそった短い言葉—「思いやりの心」「本当の友だちとは」で表すことが多い。
3．指導にあたって
　　　※授業の趣旨，意図を表す。児童観，教材観，指導観の順に三つの内容でくくる。
○子どもたちは正義感と勇気にあふれた行動にあこがれる気持ちを…（児童観）
　　　※本時，ねらいとする道徳的価値（主題）に照らして学級児童の育ちを書く。
　　　※教科等との関連など，これまでどんな指導をしてきたか，そのときの児童の表れはどうだったか，生活経験，学習経験を通じ，児童は道徳的にどこまで育っているのか，課題は何か，担任としての願いは何かなどを含めていく。
○本時に扱う「よわむし太郎」は…（教材観）
　　　※児童にとって本時に扱う教材のよさ（価値）を書く。
　　　※教材のあらまし，教材のどこに価値があるのか，児童の着目点とそこからの新たな気付きは何か，ねらいとする道徳的価値を自分のこととしてどう理解していくのかなどを含めていく。
○授業では太郎そのものではなく「村の子どもたち」に焦点をあてて…（指導観）
　　　※指導の柱を書く。
　　　※教科等や生活場面との関連づけ方，課題意識の喚起の仕方，教材の扱い方，考え議論する場面のつくり方，思考の深め方など，本時の指導の手立てとなることを含めていく。
4．本時の学習（全１時間）
　目標：「村の子どもたち」の太郎に対する気持ちの変化をたどることで，正しいことは自信と勇気をもって行う態度を養う。
　　　※年間指導計画にある主題やねらいに則って書く。
展開：

学　習　活　動	主な発問と予想される児童の反応	支　援
1．「勇気」について考えを出し合う	○勇気があるというのはどういうことだろう ・こわがらない ・注意する… 　　勇気のもとは？	○アニメや読書経験などから幅広く思いや考えを出させ「勇気」についてあらためて問いかけることで１時間を貫く追求課題に…
2．太郎のことをばかにしていたのは…	○はじめ太郎のことをばかにしていたのはどうしてだろう	○太郎のことをばかにしていた村の子どもたちの…
3．気持ちが変わったのは…	○「わっ」と太郎のところへかけよる村の子どもたちの気持ちは…	○命をかけてまで鳥を守ろうとする太郎の心情に…
4．わかったことを…	○この時間にわかったことは…	○１時間を振り返ることで

※展開例として，ここでは上記のように学習活動，主な発問と予想される児童の反応（発言やつぶやきなど），支援の三つに分けたが，学校によって形式は異なる。
※学習活動は大きく導入・展開・終末の三つに分かれるが，展開部分を二分して「起承転結」の4分節にすることが多い。児童自らが考え，議論する学習活動を目指すため問題解決的な展開にする。
※「1．導入」では本時のねらいとする道徳的価値へ児童を方向づけ，課題意識をもつよう配慮する。上記の例では「勇気のもとは？」が，本時，児童が追求する「学習問題」に当たる。「2．展開前段」では，導入での課題を追求し解決への糸口をつかませる。教材はここで提示する。「3．展開後段」では話し合いや議論により思考を深め，課題について自分なりの気付き，理解をもつようにする。「4．終末」は，本時の課題を振り返ってわかったことを整理し，以後の学習や生活等へ広げる態度や実践する意欲をもたせるようにする。
※「主な発問と予想される児童の反応」での発問は—学習問題を意識させる（導入），教材の人物が道徳的に低いレベルにあるときの事情を明確化する（展開前段），道徳的に高いレベルに移ったきっかけやその時の人物の強い思いをとらえる（展開後段），教材によって考え，議論した結果，本時の学習問題への自分なりの解答をまとめる（終末）—などに留意する。
※「支援」では，前後の分節のつながりを意識しながら児童の主体的な学習活動を生み出すための具体的な手立てとその意図を書く。

⑥板書計画を立てる

　板書は児童にとって学びの経過を確かめる大切な拠り所となり，授業者にとっては指導内容を児童にわかりやすく示すための重要な手段となる。板書計画によって授業全体をコンパクトにまとめることができる。事前に模擬授業等を実施してシミュレーションする中で，発問内容や発問のタイミングを調整し，あわせて板書計画を改善することで授業の精度を向上させるようにする。

「よわむし太郎」(文部科学省編『わたしたちの道徳　3・4年』)を使った授業の板書例

⑦授業を評価する

- 「即効性」を期待しない―「規則の尊重」をねらいに授業をしたからといって，授業後たちまちあらゆる規則を守るようになった，というわけにはいかない。いわば氷山の水面下の部分に働きかけ，道徳性を着実に積み上げていくのが道徳の時間の役目だと考えたい。
- 授業中の児童の表れで評価する―授業中，児童が多面的，多角的に考え，議論したか，そのときの表情，つぶやき，発言，書き残したもので1時間の目標への到達度を見ていく。一番のポイントは児童にどういう新たな「気付き」があったかを見取ることである。
- 授業構想（指導方法）を検証する―授業中の児童の表れが指導者の期待どおりだった（成果）のかそうでなかった（課題）のか。課題があったとすれば，授業構想（指導方法）のどこが問題だったかを検証する。こうすることで今後の授業改善につなぐことができる。
- 教科等へ意図的に関連づける―例えば「規則の尊重」を扱った道徳授業で，規則の意味について考え，議論した後，体育のゲームの場面でルールを守ることがいかに大切かについて意図的に「ルールの意味」を話し合えば，道徳の時間で学んだことが生かされるのではないだろうか。ここで児童も「なるほど，こういうことだったのか」と，意識がつながっていくだろう。教科等への意図的な関連づけによって，道徳教育の「要（かなめ）」として道徳の時間が適切に位置づいているかどうかを確かめることもできるのである。

（牧坂浩一）

〈引用・参考文献〉
- 文部科学省（2017）「小学校学習指導要領」
- 文部科学省（2017）「小学校学習指導要領解説 総則編」
- 文部科学省（2017）「小学校学習指導要領解説 特別の教科 道徳編」
- 文部科学省（2015）「わたしたちの道徳 小学校3・4年」

15.「実習記録」について

> 本章は「実習記録」の意義について概説する。「実習記録」が時系列に事実を並べた記録だったり、その日一日の感想で終わったりする日記では意味がない。実習生は大学で学修した内容を踏まえ、教育現場で日々取り組まれている教育活動の事実をしっかり観察し、考察するという取り組みを大切にしたい。この取り組みが自身のもっている教育観や指導観を問い直したり課題を自覚したりすることができ、それを解決する姿勢が教職に対する適切な認識につながる。

(1)「実習記録」の意義

　教育実習において実習生は教師や子どもとのかかわりを通してさまざまなことを学ぶ。その内容が時間の経過とともに変化したり、忘れさられてしまったりすることがないようしっかり記録しておかなければならない。「実習記録」は授業観察で学んだ指導法や自身の指導などを再現することになり、自身の考え方や実践を振り返らせる働きをもつ。したがって、「実習記録」はただ単に書けばよい、事実を記録すればよいというものではなく、明確な教育観や指導観をもって考察する営みがあってはじめて、「実習記録」の本来の意義があると考える。昨今の小学校や中学校の状況から判断すると、依然として学習上の不適応に対する指導が求められる。しかし、それをよしとする一側面でとらえるのと、本来の学習指導はそれだけではないととらえるのとでは大きな違いが出てくる。

　例えば、教育実習で授業を参観する機会が何回か与えられたとしよう。その場合、二つの側面が考えられる。一つは、各教科等における学習活動が成立するために、一人ひとりの児童が落ち着いた雰囲気のもとで学習に取り組めるよう基本的な学習態度のあり方についての指導を行う側面である。もう一つの側面は各教科等の学習において、一人ひとりの児童がそのねらいの達成に向けて意欲的に学習に取り組めるよう、一人ひとりを生かした創意工夫のある指導を

行うという側面である。前者は、一人ひとりの児童の学習場面への適応をいかに図るかといった指導であり、後者は、一人ひとりの児童の意欲的な学習を促し、本来の各教科等のねらいの達成につながる指導である。

平成16年度に厚生労働省が調査した「子どもが現在持っている不安や悩み」に関して、「不安や悩みがある」子どもの割合は全体の67.4％と増加傾向にあり、その中でも、「自分の勉強や進路について」の不安や悩みを抱える子どもは50.0％と最も高くなっている。(国立教育政策研究所〈平成21年3月〉『生徒指導資料第1集(改訂版)』p.17)。

これまで学習指導における指導は、どちらかといえば前者のことに意識が向きがちであったといえる。しかし、先の調査の結果を踏まえると、これからの指導においては、後者の視点に立った一人ひとりの児童にとって「わかる授業」の成立や、一人ひとりの児童を生かした意欲的な学習の成立に向けた創意工夫のある学習指導が、一層必要性を増しているといえる。そのための指導に際しては、児童に自己存在感を与えること、共感的な人間関係を育成すること、自己決定の場を与え自己の可能性の開発を援助することなどに留意して学習指導することが大切だといわれている。つまり、一人ひとりの児童のよさや興味関心を生かした指導や、児童が互いの考えを交流し互いのよさに学び合う場を工夫した指導、一人ひとりの児童が主体的に学ぶことができるよう課題の設定や学び方について自ら選択する場を工夫した指導など、さまざまな工夫をすることが重要だといわれる。

学習指導の場におけるこれらの指導は、単に各教科等における指導上の工夫ということだけにとどまらず、これらの指導を行うことは、児童の自己肯定感を高めることやコミュニケーションの成立、よりよい人間関係の構築などにつながり、さらには、結果として学習上の不適応からくる授業妨害や授業エスケープ等を軽減したり、より適正な学習環境をつくったりすることにもつながる。

教育現場で日々行われている授業を一つ取り上げてみてもこのような側面があると考えると、日々取り組まれている教育活動の事実をしっかり観察し、記録し、考察することの大切さの意味を認識する必要があるだろう。この「観察―記録―考察」の取り組みが、自身の教育観や指導観を見つめ直すことになり、教職に対する適切な認識を構築することになる。このように考えると、先述したとおり、「実習記録」がその日の事実の記録だったり単なる感想で終わって

しまったりする「実習記録」ではなく，さまざまな教育活動の事実を分析し，推測し，考察した「実習記録」を作成することがいかに重要な取り組みかわかるだろう。

(2) 観る視点を明確にした観察

　観察の視点をもっているということは，言い換えば何を学びたいか，どのような実践的指導力を身につけたいかが明確になっているということである。実習生は学校現場において教師が子どもたちの学校生活をより充実した生活にしよう，学力を向上させようと，日々教育活動に取り組んでいることに気付く。だが，ただ，それを漫然と見ているだけでは学びにつながらない。そこには，しっかりとした問題意識があってはじめて，「ああ，そうだったのか」「そのようにかかわればよいのか」などの気付きが生まれる。

　「実習記録」はそうした自身の問題意識や疑問点をどのようにとらえ考えたかを再現する役割をもつ。それには何をどう観るのか，どのような問題意識をもって観るのかが重要になる。以下にその具体例を示すので授業観察の視点づくりに生かしたい。

①学級経営についての視点

　学級経営が適切に行われなければ，子どもの学校生活に「安心，安全」は確保できない。子どもと積極的にかかわる，子どもの声に耳を傾ける，子どもを認め励ます，子どもとともに活動するなどについて学びたいものである。具体的な視点をあげる。

- 子どもと教師，子どもと子どもとの人間関係を重視して，「ぬくもりのある学級」「思いやりと助け合いのある学級」「一人ひとりが認められる学級」など学級の支持的風土づくりについて
- いじめや差別をしない，出さない，許さない学級を教師と子どもとでつくり出す学級経営について
- けんかや対立のときの指導について
- 休み時間に教師も子どももみんなで楽しめるような取り組みについて
- 担任教師と学年教師との協力関係などについて
- 生徒指導，道徳の時間の充実，学力の定着・向上，体力と健康の教育の充実について

これらを参考に自分なりの具体的な視点をもって観察したい。
②授業観察の視点

　授業は教師と子どもの双方向のコミュニケーションによって成り立つ。一人ひとりがみんなで学び合うことのよさを実感できる学習づくりや，教材研究に支えられた確かな指導力が求められている。実習中にはいろいろな授業を参観する機会が設定されるが，授業をただぼんやりと見ているだけでは自身の授業力アップにはつながらない。

　以下にその視点を示すので参考にしたい。

②−1　授業全体の流れについて

　学習のねらいにそって導入，展開，まとめなどの問題解決的な展開がどのように構想されているか，教師はどのような発問や投げかけによって学習を深めようとしているか，そして，子どもの興味や関心を呼び起こすために教材準備はどのようにしているかなどについて学びたいものである。

②−2　教師の指導と子どもの反応について

　教師の発問，説明，指示などが学習のねらいを達成するためにどのように組み合わされて展開されているか，教師の働きかけに対して子どもの反応や取り組みの様子はどうだったかなどの視点があげられよう。また，学習中の子どもの様子を把握する方法として，一般的に座席表を利用することが多いが，一人ひとりの学習状況をどのような方法で把握しているのか学びたいものである。実習生は座席表を活用して，「○○さんはこの時間，発言が多いな」「○○さんは，ここでつまずいているな」など，一人ひとりの学習状況の把握に努めてみよう。そこから何か気付くことがきっとあるはずだ。

　具体的に授業観察の視点をあげる。

- 授業の準備・計画：教材や教具の準備，学習のめあての明確化などについて
- 授業の進め方：計画の実現の度合い，導入の方法，学習の深まりなどについて
- 教育技術：指示・質問の仕方，板書，声量・トーン，落ち着き，ユーモアやゆとりなどについて
- 子どもの反応：学習への参加，話し合いの深さ，教室の雰囲気，教室環境，子ども同士の関係，思考する場，問題解決的な学習展開などについて

　これらのことに留意して授業について学びたいものである。

②-3　対話活動のある学習について
　2人，あるいは3人で話し合ってから学習を進める方法が多くの教室で取り入れられる。その理由は自分の考えを相手に伝えるという経験が自信につながり，積極的な発言につながっていくと考えられるからである。わかっている子どもだけの発言に頼ると，学級全体の学習意欲が高まらないまま学習が終わってしまうことになる。ある子どもの発言した内容について他の子どもが意見をつないだり異なる考えを主張したりする授業は，「みんなで学ぶと楽しい」と感じさせ，学習意欲も高まるだろう。全員が参加できる授業づくりについて学びたいものである。

②-4　効率のよい学習について
　子どもの意見が黒板に書き出されている授業は，子どもたちが自分たちで学習を創り出したという充実感を生み授業への参加意欲が高まっていく。マグネットシートなどを使うと自分の考えと他の意見を一目で比べることができたり，考えがまとまらない子どもにとってはヒントにもなったりする。また，マグネットシートを自由に移動させることによって学習内容を焦点化でき効率的に学習を進めることができる。
　このように学習を効率よく進める方法について学びたいものである。

②-5　板書について
　板書の意味や目的をよく理解して効果的に板書を行うと，子どもが学習内容を整理しやすくなる。1時間の授業では黒板1面分の板書が目安だといわれたり，1時間の中で消したり書いたりする板書は望ましくないといわれたりする。また，黒板に背を向けたまま書きながら説明することは望ましくない，板書をだらだら書くことはよくないなどいわれるが，どのような板書が望ましいのか，授業観察を通して板書の目的，板書技術について学びたい。具体的な視点をあげるので授業観察の視点づくりに生かしたい。
・学習内容を整理する板書について
・授業の流れがわかる板書について
・文字の大小，傍線，色チョーク，矢印など視覚的に見やすい板書について
・子どもたちの発表の場として黒板の活用について
・学年の段階に応じた適切な文字の大きさ，適切な筆圧などについて
　これらについて学んでおく必要がある。また，子どもが板書を書き写す作業

に終始してはいけないが，その方法についても学んでおきたい。
②-6　子どもへの問いかけ
　子どもが積極的に発言できる授業づくりが望まれるが，子どもへの問いかけはどのような点に留意すればよいのかあげておく。授業観察の視点づくりに生かしたい。
- 答えの出しやすい問いから始め，徐々に「どうして」「なぜ」「その理由は」といった難しい問いかけへと発展させていくのが通例だ。授業の冒頭から抽象的な問いから入ると子どもは反応できない。一部の知識のある子どもたちだけが授業に参加しているという事態に陥る。授業観察を通して教師の投げかけや対応を学びたい。
- その授業で子どもに深く考えさせたいところは学習指導案の段階でよく練られている。しかし，子どもの予想外の意見や反応に対してどのような対応や働きかけが行われているのか学びたい。
- 学習中，指名に応じて発言した場合に教師はどのような対応をしているだろうか。教師の期待した発言でなかったとき，間違っても「違うよ」「じゃあ，次」などの対応はしないだろう。おそらく「そうだね。よく，考えたね」「あなたの考えはこうだね」「ほかの人の考えも聞きたいな」など，発言をきちんと受け止めた対応をするだろう。授業での子どもの発言をどう受け止めひろげようとしているのか，しっかり学びたいものである。

②-7　机間指導について
　授業において一人ひとりの子どもの学習状況をていねいに見て回ることを机間指導という。子どもの学習の様子をとらえるのに欠かせない指導である。その意図するところを理解して明確な観察の視点をもっておきたい。
- 学習計画における机間指導の位置づけについて
- 一人ひとりの子どもの思考，グループ活動の様子などを机間指導で見取り，それを生かした授業展開について

(3) 教育実習における省察の意味

　日々の授業実践において教師は瞬時に機転を働かせながら学習を展開している。教育実習中の授業観察においてもそう感じることは多々あるだろう。これはその時の状況に対しての直観的な判断によるもので，経験に裏づけられた指

導でもある。しかし，このことだけで授業を進めていこうとするならば深い学習展開は難しい。やはり，確かな授業計画と授業後の振り返りを基盤にした省察的理解が必要となる。この省察的理解の一助になるものとして授業観察の視点を具体的に前節で述べたのである。これらの具体的な視点を参考にして授業観察の視点づくりに生かしたい。教師と子どもとのかかわりや子ども同士のかかわり，教育技術，指導法などをいま一度思い返し，その時間の学習を省察したいものである。その省察した内容が「実習記録」に示されることで次の授業の構想が明確になる。実習中にこの取り組みを継続していった経験が，やがて教職生活に就いたときに明確な指導法や適切な子どもとのかかわり方に生きてくるのである。自身の授業の改善には授業を振り返り省察する取り組みは欠かせない。「子どもが考え，わかり，でき，課題が解決できる」という授業を実現してもらいたいものだ。

(4)「実習記録」作成にあたって

「実習記録」の項目は各大学によって形式や内容は異なっているが，基本的に概ね次のような項目になっている。朝の会，授業について，給食，清掃，休み時間，帰りの会，その日のまとめなどの項目で構成されている。ほかに各種講話，授業参観，実習生の批評授業などの項目がある。

実習の記録は一日の生活の中で起こったことを順々に書き記すだけでは，「実習記録」が漫然としたものになる。そうならないよう疑問に思うこと，難しいと感じることなどを「その日の自己課題」として，あるいは「その週の自己課題」として設定し，それらに着目したメリハリのある記述を心がけたいものである。

例えば，「児童理解」「板書」「ほめ方」「叱り方」などのキーワードを決め，それについて重点的に観察したり，自分なりに試行錯誤したりしたことをノートに書きとめ，「実習記録」にまとめていくのである。そのためには，配属学級の子どもたちをしっかり観ていく必要がある。これは観察対象として無機質的に子どもを観るということではなく，子どもとともに活動し，子どもの中に入って子どもを知るという意味での観察である。給食，清掃などさまざまな活動や学習を通して自身がどのように子どもとかかわったのか，また，配属学級の担任がクラスの子どもたちにどのようにかかわっているかなど，観察を通し

て学びたいものである。
①考察のある記述
　具体的に記述することは大事である。例えば，「担任の先生の板書はわかりやすく，子どもたちの考えも深まり，発言も多かった」のような記述だと，後で自分が学習を構想するときの参考にはならない。そこには考察がないからである。なぜ，その板書がわかりやすいと感じたのか，どのような点に留意して板書計画をしたのか，子どもの発言が多かったのはどうしてか，板書の何が影響して学習が深まったのかなど，その授業の学習の文脈から考察していくのである。その考察がなければ自身の授業構想には生かせないだろう。
　子どもの発言や期待する子どもの表れには必ず教師の意図がある。その意図を子どもの姿を通して探っていくのである。「なぜ，この板書はわかりやすいのか」「子どもの発言がふえた理由は何か」など，その理由を探りながら自分の考えをまとめたい。また，授業において特に気になった指導については，そのときの子どもの反応や表情はどうだったのかを具体的に記録することを心がけ，指導のあり方についても考察したいものである。
②コミュニケーションのツールとしての「実習記録」
　配属クラスの担任は，「実習記録」を読み，指導助言というかたちで「実習記録」にコメントを記入する。「実習記録」は配属クラスの担任との大切なコミュニケーションの道具である。心をこめて，ていねいな字で書くとともに失礼のない表現をするように気をつけなければならない。誤字脱字のないことはいうまでもない。以下に留意点を示す。

- 鉛筆は不可。黒のペン・ボールペンなどで誤字，脱字がないようていねいに仕上げる。
- 「実習記録」は単なるその日の日記ではない。子どもとのかかわりの中で気付いたことをこまめに記録し，「実習記録」に反映させたい。その日の記録を読めば自分が何を学んだかがわかるものにしたい。
- 「子どもの生活」「指導内容」「授業の技術」「掃除・給食の指導」「遊び」「子ども同士のかかわり」などのテーマを決めて観察したい。
- 子どもの前に立ったときの緊張感や感動，子どもと接したときの気持ちなどを素直に表現することも大切にしたい。
- 教育実習の第1週目は校長の講話，生徒指導担当の講話，養護教諭の講話な

ど，多くの教師から貴重な話を聞くことが多い。それらの講話についてどのように感じたのか率直に述べ配属クラスの担任の指導を受けたいものである。
- 子どもの発言，つぶやきにもしっかり耳を傾け，配属クラスの担任が気付けなかった子どものよい表れを「実習記録」を通して伝えると，さらにコミュニケーションが深まる。

(5) 「実習記録」の実際

各大学によって「実習記録」の形式，内容は異なるが事例として示しておく。
(pp.122〜124参照)

(6) 「実習記録」の活用

実習の期間中あるいは実習終了後においても，実習に向けて身につけてきた資質・能力が教育実習でどのように実現され，新たに学んだことは何かなど，自身の課題を整理したいものである。「実習記録」は，日々の実習を振り返り，経験したこと，学んだこと，反省したことなどがまとめられ，配属クラスの担任から指導事項が具体的に記入され，いわば学びの財産である。その学びの財産である「実習記録」を整理し課題を解決していくことが自身の資質・能力の向上につながる。

教育実習終了後，「実習記録」をあらためて読み直してみることが自身の学びを整理する第一歩といえる。実習中に必死になって記入した内容を実習終了後に読み直すことによって，「そういう意味があったのか」「このように指導した方がよかった」などと思うこともあるだろう。また，大学の講義や演習においてあの時の子どもの活動の意味に気付かされることもあるだろう。そういう機会を逃さず付箋などを利用して自身の考えをあらためて書きとどめておくなど，「実習記録」の活用を図りたいものである。「実習記録」の活用の幅を広げることは教育実習をさらに生きたものにする。

(長瀬善雄)

①事例1〈参観記録〉

参　観　記　録

氏名

日　時	平成　年　月　日　曜日　時　分から　時　分まで
参観クラス	年　組　　授業者

教科（　　　　　）、道徳、学級活動、　単元名、教材名など
学校行事、その他（　　　　）

参観前の観点

> 具体的な観点を例示するので自身の「実習記録」の作成に生かしたい。
> - 導入の仕方，教材の工夫，目標の明確化，問いかけ，板書，子どもへの指示，話し合いの指導，学習の深め方，発言の広げ方，ノート指導，学習のルール，音読指導，実験方法，学習の振り返り，小集団の活用，問題解決的な学習展開など，自身の学びたいことを具体的に示す。

感　想

> 大学によっては〈感想〉となっている形式も見られるが単なる感想ではなく明確な視点をもって考察する。
> - 授業を通して教師と子ども，子どもと子どもの関係を観る。その教科固有の学習展開の仕方，指導法（発達段階応じた指導法），教育技術，わかる授業を進めるためのアイデア，教師の働きかけ，促し，表情，学級経営，教室経営などについてよく観察し，教師の指導や働きかけの意図や意味を探りたい。

指導助言

検印

②事例2〈その日の反省・感想〉

実習の反省・感想等	

ここではその日の感想をただ述べるのではなく、その日の自己課題(指導技術、学級経営など)や実習授業に向けて学びたいことなどの視点を決め考察する。以下のことに留意したい。

①単なる事実の羅列にならないよう観察の視点を明確にする。
- 教材や教具の準備、導入の方法、学習の深まりなど
- 指示・質問の仕方、板書、声量・トーンなど
- 学習への参加、話し合いの深さ、教室の雰囲気、教室環境、子ども同士の関係、思考する場、問題解決的な学習展開など
- 子ども同士の学び合いの中で学習が進められているか、子どもと教師で学習を創り出そうとしているかなど

②読み手に伝わるように書く
- いくつかの段落に区切る、誤字、脱字に注意する
- 子ども同士の学び合いの中で学習が進められているか、子どもと教師で学習を創り出そうとしているかなどについて
- 批判的な文章にならないように注意し、学ぶ姿勢を大切にした記述にする

上記に示した内容を踏まえて記述していくが、そのためにはその日の出来事をノートに記録しておくことが必要である。教科等の学習、学級での生活、教師と子どものやりとり、子ども同士のやりとり、子どもと実習生とのかかわりなどを記録しておきたい。

指導助言		検印

③事例3〈実習の総括〉

実　習　生　総　合　反　省

氏名　　　　　　　　　　　　　

各大学によって実習の総括の形式は異なるが，どのような観点・視点で総括すればよいのか示しておく。

実習を終えた後の全般的な感想，到達点，反省，課題などを総括的に記入するところである。以下の項目を参考にして「実習記録」の作成に役立てたい。
- はじめて子どもの前に立ったときの気持ち
- 大学で学んだことやこれまでに得た知識や技術がどう生かされたか
- 教職に対する情熱，関心・興味はどう変わったか
- 児童の生活や学習を観察してどんなことを学んだか
- 教科，道徳，生徒指導等に関する研修の必要性をどう受け止めたか
- 批評授業を通した考察
- 児童との人間関係
- 外からみる教師のイメージと実際の教育現場の姿
- 自己の課題と今後について
- 実習校への謝意

〈引用・参考文献〉
- 長瀬善雄編著（2011）『わかりやすい！すぐに役立つ！　小学校「教育実習」実践・実技ガイド』明治図書
- 文部科学省（2010）『生徒指導提要』教育図書
- 琉球大学教育学部附属教育実践総合センター教育実践研究会（2006）『新　教師をめざす人のための本　教育実習から採用までのガイダンス』明治図書
- 柴田義松（2010）「授業の基礎理論」『柴田義松教育著作集５』学文社
- 田中耕治編著（2012）『よくわかる授業論』（やわらかアカデミズム・わかるシリーズ）ミネルヴァ書房
- 大豆生田啓友・高杉展・若月芳浩編（2014）『幼稚園実習　保育所実習・施設実習［第２版］』（最新保育講座⑫）ミネルヴァ書房

16. 教育実習を終えて

> この章では，教育実習での学びの整理と反省について述べている。教育実習終了後の考察の重要性と自己評価による新たな学修課題を明確にすることの大切さについて概説する。その際，大学で学んだ知識，教育技術，児童の発達などの学修と，教育現場での実践とを行き来させ，それらを総合化しながら自身の中に取り込み，実践力を高めていくためにすべきことを取り上げている。また，教育実習における学びの財産ともいえる実習記録をもとに，教育実習での学びを整理する中で，教育実習を振り返ったり，実習校への感謝の気持ちを伝えたりすることの意義や方法について詳述する。さらに教育実習の経験が，今後どのように教師として資質・能力を向上させるキャリアに位置づくのかを展望する。

(1) 教育実習での学びの整理と反省

　教育実習中は，日々の指導案作成や研究授業，子どもへのかかわりに夢中になり，じっくりと振り返る機会がもてない状況だったのではないだろうか。その日ごとの反省を実習記録に書きとどめ，次の日からの実践に生かそうとすることはできるのだが，実習全体を通して新たな学修課題を明確にするためには，長い期間の実習をまとめてより大きな視野で振り返る必要がある。実習後に大学において，学びの財産ともいえる実習記録をもとに実習全体を考察・整理し，大学での学びと教育現場での実践を行き来しながら，じっくりと学びを深める機会をもちたい。

①実習記録を踏まえた考察

　実習記録からは，三つの時点の自分の姿を見つめ直すことができる。まず，はじめに実習記録を開いてみると，実習に臨む前の自分の姿や実習の目標・計画が記録されている。実習前の思いは実現できただろうか。実習前に目標としていたことは，達成できただろうか。計画どおりに進めることができただろうか。必ずしもすべてがうまくいくとはかぎらず，実習前に描いていたことと異なる場合は，その理由を考えてみるとよい。教育現場にはいろいろと複雑な状

況があり，自分が想定していたことと現実との間にギャップがあるとすれば，それに気付くことも実習での大きな収穫である。

次に，実習中の自身の姿を読み返してみよう。日々の観察や実践の中で，実に多様な気付きが生まれていることを実感できる。気になる子どもの姿，心に響いた教師のかかわり方，担当指導教員の指導テクニック，異学年の子どもの姿との比較，教材研究の重要性，教師の同僚性など，数えればきりがない。それに対して担当指導教員からのコメントも，いろいろな角度の内容からいただいていることだろう。実習記録に付箋を貼りながら，特に自分の気付きとして立ち止まりたい時点に印をつけ，これからも意識し続けるとともに，大学の講義で理論を学ぶことで，その解釈に深みが出るようにしたい。

最後に，実習を終えた自分の総括をあらためて確認しよう。大学で学んだことと実践を通して身につけた経験的な知識が融合されているだろうか。教育実習では，当然のことながら実践面での気付きのウエイトが高くなる。しかし，ここで忘れてならないのは，その実践を理論面からバックアップすることである。子どもへの接し方の背景にはどのような考え方があるのか，教材研究にはどのような教科教育の知識が生かされているのかなどを意識しながら，考察を深めていくことが重要である。今一度，理論と実践の融合という視点で読み返してみたい。

②自己点検・自己評価

教育実習で得られる知見は莫大な量なので，上述したような実習記録を踏まえた考察を行う際には，観点を設定することが大切になってくる。例えば，以下のような項目について，自分の実践力がどのくらいついているのか，自己点検・自己評価しておくとよい。

a．配属学級の子ども一人ひとりを理解しようとしたか
b．子ども，指導教員，他の実習生とのコミュニケーションを図ることができたか
c．学級全体の雰囲気をよりよくする学級経営にかかわることができたか
d．計画的に教材研究を行うことができたか
e．授業での発問は子どもの思考を促すものだったか
f．板書は子どもにとってわかりやすかったか
g．机間指導を適切に行えたか

h．子どもの目標への達成状況を評価できたか
　i．授業を評価して授業の成果と課題を振り返ることができたか
　観点a，b，cに示したように，子どもや教師の関係づくりが基盤となることは，実習で体感してきたことではないだろうか。教育実習では，保護者とのかかわりについてはごく限られているが，実際に教師になると，保護者との協調的な関係づくりも大きなウエイトを占める。関係づくりには，授業中にかぎらず，教師の言葉遣い，子どもへの接し方，教室の掲示物，学級通信といった，潜在的カリキュラム（hidden curriculum）として具現化していく必要もあるだろう。これらは，実際に教師という仕事をしていくうえでの最も重要な部分であり，学校や学級の文化を形づくる。自身の取り組みを振り返るとよい。
　また，観点d，e，f，gのように，教材研究や学習指導に関しては，主に研究授業や自分が行った授業での反省を思い出してほしい。自身が感じ取ったことに加えて，担当指導教員や授業を参観してくださった先生方から，多岐にわたる助言をいただいたのではないだろうか。そこで浮かび上がった課題は，すべてすぐに解決できるものではない。課題を意識し続けながら実践を繰り返すことで，実践力が身につく。課題をチェックしてみよう。
　さらに，観点h，iに示している評価についても忘れてはならない。授業の終了チャイムがすべての終わりではなく，子どもの様相から評価を行う必要がある。子どものノートやワークシート，作品などから情報を収集して，子どもの達成状況を判断できただろうか。達成できていない場合，次時の指導を通して子どもにフィードバックしたり，自身の指導法を改善して達成できなかった部分を補ったりできただろうか。一方で，よく達成できた児童をみんなの前で賞賛すれば，より明確かつ具体的に目標が児童に伝わっただろう。このような評価が実現できたのか，あらためて見つめてみよう。

③提出物の確認と書類の整理

　教育実習では，実習前に設定した目標，実習計画，日々の記録，総括などのほかに，資料として，実際に行った指導案，授業で使用したワークシート，板書や発問の計画，研究授業の記録，日々の子どもの様子の記録などが，学びの集積物として蓄積されていく。実習を終えた段階での大学での講義では，理論的な内容を理解するために，より具体的な事例を挙げて，解釈することが求められることも多いので，これらの資料を実習ノートやファイルに整理していつ

でも取り出せるようにしておきたい。

また，これらのほかに，出勤簿，欠席届（遅刻届，早退届）や成績表など事務的な書類も必要な場合がある。それぞれ，提出期限内にしかるべき場所に届くようになっているのかを大学の指導教員とともに確認しておきたい。

(2) 実習終了のあいさつと礼状

教育実習終了時に，子どもたちへのメッセージを届ける実習生の姿を見て，ほほえましく感じることが多い。しかし，教育実習では，担当指導教員に大いにお世話になっていることを忘れてはならない。担当指導教員は，後輩の教員を育成するために，日常の授業や仕事に加えて実習生の指導に当たっているが，親身になって相談に乗っていただいた実習生も多いのではないだろうか。このように献身的にお世話くださった担当指導教員や実習校の教職員にお礼の気持ちを述べることは，教育実習の基本的な姿勢として重要である。

実習終了時には，校長・副校長・教頭・主幹教諭といった管理職，実習計画を担当いただいた教務主任や実習担当教諭，担当指導教員，当該学年の教員，

図16-1　礼状の例

相談に乗っていただいた教師，事務室や給食室の職員の方々に口頭でお礼の言葉を述べたい。これは全体の場での挨拶であることもあれば，個別に申し上げることもある。さらに，大学に戻った後，校長や担当指導教員に礼状をお届けするのがていねいである。図16-1は礼状の例である。実習中のエピソードを挿入するなど，自分らしく表現を工夫するとよいだろう。

礼状は，一般的な手紙の書き方として，例えば，次のような内容で構成するとよい。手書きでていねいに作成するようにしたい。
　①語頭（「拝啓」が一般的）　②時候のあいさつ
　③お礼と近況　　　　　　　④実習中に学んだことや思い出
　⑤今後の目標など　　　　　⑥結び
　⑦結語（「敬具」など　語頭が「拝啓」の場合の結語は「敬具」）
　⑧日付，氏名
　⑨相手の肩書やお名前（相手のお名前は本文より大きく書く）

また，実習校でお世話になった教師は，実習生の進路についても気にかけてくださっている。特に担当指導教員は，実習生が出会う初めての先輩教師として，実習後も善意で相談に乗ってくださったり，指導してくださったりするケースが少なくない。教員採用試験の結果がわかるのは次年度のことになるが，実習終了後から月日が経過していたとしても，合否がどちらであるにしても，実習校に直接出向いたり，手紙を届けたりして，結果を伝えるようにしたい。

(3) 教師の資質・能力の向上に向けて

2012（平成24）年8月の中央教育審議会答申によると，これからの教師には以下のように多様な資質・能力が求められ，「教員が探究力を持ち，学び続ける存在であることが不可欠」であることが示されている（中央教育審議会，2012）。
　(i) 教職に対する責任感，探究力，教職生活全体を通じて自主的に学び続ける力（使命感や責任感，教育的愛情）
　(ii) 専門職としての高度な知識・技能
　　・教科や教職に関する高度な専門的知識（グローバル化，情報化，特別支援教育その他の新たな課題に対応できる知識・技能を含む）
　　・新たな学びを展開できる実践的指導力（基礎的・基本的な知識・技能の習得に加えて思考力・判断力・表現力等を育成するため，知識・技能を

活用する学習活動や課題探究型の学習，協働的学びなどをデザインできる指導力）
  - 教科指導，生徒指導，学級経営等を的確に実践できる力
 (ⅲ) 総合的な人間力（豊かな人間性や社会性，コミュニケーション力，同僚とチームで対応する力，地域や社会の多様な組織等と連携・協働できる力）

　これらの資質・能力は，すぐに身につくものではなく，教師自身が理論と実践を往還しながら，時間をかけて学び続ける中で培われるものである。大学で学ぶ教育に関する専門的知識はなくてはならないものだが，これはどんな状況にもあてはまる万能薬ではない。実際の教室の状況は複雑であり，それに応じてどのように専門的知識を使って解決していくのかについて，ときには先輩教師の姿から学び，ときには，教師同士で知恵を出し合ったり，保護者をも巻き込んだりして，その場に合った最適な方法を探ることになる。そんな中で，上記の資質・能力が育成されていくのである。

　また，2015（平成27）年12月の中央教育審議会答申においては，「これまで教員として不易とされてきた資質能力に加え，自律的に学ぶ姿勢を持ち，時代の変化や自らのキャリアステージに応じて求められる資質能力を生涯にわたって高めていくことのできる力」が必要とも述べられている。教育実習を終えた後も，教師の長期的なキャリアを見通して，自律的にステップアップしていく必要がある。

　教育実習で見つけた課題にゴールはないのかもしれない。一つクリアすれば，さらに新たな課題が生まれてくるだろう。この繰り返しによって，教師の資質・能力は向上していくものである。教育実習は，これから教師になっていくという長いキャリアから見れば，まだ入門にさしかかったばかりの経験である。しかし，このはじめの気持ちは重要で，ときには教師を続けていく原動力になる。だからこそ，教師の資質・能力の向上へのスタート時点である今をていねいに振り返り，大切にしてほしい。
 (山本智一)

〈引用・参考文献〉
- 中央教育審議会（2012）「教職生活の全体を通じた教員の資質能力の総合的な向上方策について（答申）」pp.2-3
- 中央教育審議会（2015）「これからの学校教育を担う教員の資質能力の向上について〜学び合い，高め合う教員育成コミュニティの構築に向けて〜（答申）」p.9

17. 教育実習と教職実践演習

> 　教育実習を終えると，教師としての自分の長所や苦手な部分が見えてくる。大学での教職課程の締めくくりが「教職実践演習」で，その目的は，魅力ある教師になるために，自分に不足している知識や技能を補い，教師に必要な資質を向上させることである。履修カルテには，教職に就きたい気持ちや資質を自己分析し，成長の過程を記録する。また，授業と学級経営に関する技能について自己評価を行い，課題を明らかにする。指導力の向上だけでなく，人間性豊かな視野の広い教師を目指すために取り組みたいことについても述べている。

(1) 教職実践演習のねらいと性格

　「教職実践演習」は，大学4年次後期，短期大学では2年次後期に，教職課程の締めくくりとして履修する。教育実習を経験したことにより，卒業後すぐに教師の仕事が務まるのか考え，自分の知識や技能について見直したであろう。不足している部分のうち，在学中に修得できることは身につけておきたい。教職実践演習の授業内容には，模擬授業や事例研究，フィールドワークなどを含み，自己評価に加えて他者評価や討論の機会をもつことで，教職にかかわる資質・能力の課題を発見する。そして課題の克服に積極的に取り組み，向上心をもち続けることが求められる。

　模擬授業や学校現場の実地見学・調査などは，実践力を身につける方法として有効である。模擬授業の実施を通して，基本的な授業技術，話し方や表情などの表現力や子どもの反応を生かした授業づくりなど指導力を向上させたい。また，学級経営を体験的に学ぶことにより個々の子どもの特性や状況に対する理解を深め，真摯に子どもと向き合う姿勢をもち続けたいものである。

　教師として求められる資質・能力は，教師の仕事に対する強い情熱，教育の専門家としての確かな力量，総合的な人間力の大きく三つにまとめられる。文部科学省により示されている，今後特に教師に求められる具体的な資質・能力

の例を図17－1に示す。現在は到達していないことの方が多くても，社会人としての常識やコミュニケーション力，謙虚な姿勢，学び続ける態度をもつことにより相まって向上する。自分の強みはどんなところで，子どもとどのように向き合いたいのか，自らの目指す教師像について考えてみよう。

```
┌─────────────────────────────────────────────────────────────┐
│ ┌─地球的視野に立って行動するための資質能力──────────────┐ │
│ │ ├─地球，国家，人間等に関する適切な理解                    │ │
│ │ │  例：地球観，国家観，人間観，個人と地球や国家の関係についての適切な理解， │ │
│ │ │     社会・集団における規範意識                            │ │
│ │ ├─豊かな人間性                                            │ │
│ │ │  例：人間尊重・人権尊重の精神，男女平等の精神，思いやりの心，ボランティア精神 │ │
│ │ └─国際社会で必要とされる基本的資質能力                    │ │
│ │    例：考え方や立場の相違を受容し多様な価値観を尊重する態度， │ │
│ │       国際社会に貢献する態度，自国や地域の歴史・文化を理解し尊重する態度 │ │
│ │                                                          │ │
│ ┌─変化の時代を生きる社会人に求められる資質能力──────────┐ │
│ │ ├─課題解決能力等に関わるもの                              │ │
│ │ │  例：個性，感性，創造力，応用力，論理的思考力，課題解決能力，継続的な自己教育力 │ │
│ │ ├─人間関係に関わるもの                                    │ │
│ │ │  例：社会性，対人関係能力，コミュニケーション能力，ネットワーキング能力 │ │
│ │ └─社会の変化に適応するための知識および技能                │ │
│ │    例：自己表現能力（外国語のコミュニケーション能力を含む），メディア・リテラシー， │ │
│ │       基礎的なコンピュータ活用能力                        │ │
│ │                                                          │ │
│ ┌─教員の職務から必然的に求められる資質能力──────────────┐ │
│ │ ├─幼児・児童・生徒や教育の在り方に関する適切な理解        │ │
│ │ │  例：幼児・児童・生徒観，教育観（国家における教育の役割についての理解を含む） │ │
│ │ ├─教職に対する愛着，誇り，一体感                          │ │
│ │ │  例：教職に対する情熱・使命感，子どもに対する責任感や興味・関心 │ │
│ │ └─教科指導，生徒指導等のための知識，技能及び態度          │ │
│ │    例：教職の意義や教員の役割に関する正確な知識，子どもの個性や課題解決能力を生かす能力， │ │
│ │       子どもを思いやり感情移入できること，カウンセリング・マインド， │ │
│ │       困難な事態をうまく処理できる能力，地域・家庭との円滑な関係を構築できる能力 │ │
└─────────────────────────────────────────────────────────────┘
```

図17－1　今後特に教員に求められる具体的資質能力の例

（出所：中央教育審議会答申　平成17年10月）

含めることが必要な事項	到達目標	目標到達の確認指標例
1．使命感や責任感，教育的愛情等に関する事項	○教育に対する使命感や情熱を持ち，常に子どもから学び，共に成長しようとする姿勢が身に付いている。 ○高い倫理観と規範意識，困難に立ち向かう強い意志を持ち，自己の職責を果たすことができる。 ○子どもの成長や安全，健康を第一に考え，適切に行動することができる。	○誠実，公平かつ責任感を持って子どもに接し，子どもから学び，共に成長しようとする意識を持って，指導に当たることができるか。 ○教員の使命や職務についての基本的な理解に基づき，自発的・積極的に自己の職責を果たそうとする姿勢を持っているか。 ○自己の課題を認識し，その解決に向けて，自己研鑽に励むなど，常に学び続けようとする姿勢を持っているか。 ○子どもの成長や安全，健康管理に常に配慮して，具体的な教育活動を組み立てることができるか。
2．社会性や対人関係能力に関する事項	○教員としての職責や義務の自覚に基づき，目的や状況に応じた適切な言動をとることができる。 ○組織の一員としての自覚を持ち，他の教職員と協力して職務を遂行することができる。 ○保護者や地域の関係者と良好な人間関係を築くことができる。	○挨拶や服装，言葉遣い，他の教職員への対応，保護者に対する接し方など，社会人としての基本が身についているか。 ○他の教職員の意見やアドバイスに耳を傾けるとともに，理解や協力を得ながら，自らの職務を遂行することができるか。 ○学校組織の一員として，独善的にならず，協調性や柔軟性を持って，校務の運営に当たることができるか。 ○保護者や地域の関係者の意見・要望に耳を傾けるとともに，連携・協力しながら，課題に対処することができるか。
3．幼児児童生徒理解や学級経営等に関する事項	○子どもに対して公平かつ受容的な態度で接し，豊かな人間的交流を行うことができる。 ○子どもの発達や心身の状況に応じて，抱える課題を理解し，適切な指導を行うことができる。 ○子どもとの間に信頼関係を築き，学級集団を把握して，規律ある学級経営を行うことができる。	○気軽に子どもと顔を合わせたり，相談に乗ったりするなど，親しみを持った態度で接することができるか。 ○子どもの声を真摯に受け止め，子どもの健康状態や性格，生育歴等を理解し，公平かつ受容的な態度で接することができるか。 ○社会状況や時代の変化に伴い生じる新たな課題や子どもの変化を，進んで捉えようとする姿勢を持っているか。 ○子どもの特性や心身の状況を把握した上で学級経営案を作成し，それに基づく学級づくりをしようとする姿勢を持っているか。
4．教科・保育内容等の指導力に関する事項	○教科書の内容を理解しているなど，学習指導の基本的事項（教科等の知識や技能など）を身に付けている。 ○板書，話し方，表情など授業を行う上での基本的な表現力を身に付けている。 ○子どもの反応や学習の定着状況に応じて，授業計画や学習形態等を工夫することができる。	○自ら主体的に教材研究を行うとともに，それを活かした学習指導案を作成することができるか。 ○教科書の内容を十分理解し，教科書を介して分かりやすく学習を組み立てるとともに，子どもからの質問に的確に応えることができるか。 ○板書や発問，的確な話し方など基本的な授業技術を身に付けるとともに，子どもの反応を生かしながら，集中力を保った授業を行うことができるか。 ○基礎的な知識や技能について反復して教えたり，板書や資料の提示を分かりやすくするなど，基礎学力の定着を図る指導法を工夫することができるか。

図17-2　文部科学省「教職実践演習」の到達目標及び目標到達の確認指標例

（出所：中央教育審議会答申　平成18年7月）

(2) 履修カルテの活用

『履修カルテ』は，教職ポートフォリオとも呼ばれ，大学によって様式は異なる。入学時から時期ごとに，教職に対する志向性やその時期の資質・能力を記録し，教職科目の単位取得状況の確認と目標到達度の自己評価を行い，個人ごとの課題を明らかにするものである。子どもにかかわる実習やボランティアなどはよい経験になるので，その都度，内容，反省，気がついたことなどを書き留めるようにする。

文部科学省より，「到達目標及び目標到達の確認指標例」が示されているので，図17-2を参照し，自己点検と資質の向上に役立てることが望まれる。

(3) 教師としての資質・能力の確認

教師はあらゆる場面で子どもに見られている。子どもに対する影響力が大きい先生の「見ため」は，非常に大事である。話し方や姿勢，立ち居ふるまい，服装の影響も大きいので，自分の姿がほかの人にはどう見られているか，常々意識しよう。

①自己課題の発見

教職に必要な能力を評価する前に，まず現在の自分が社会人として通用するのか見つめてみよう。ここでは6つの観点をあげている。それぞれについて5段階で自己評価し，図17-3のチャートの中に，書き入れてみよう。バランスよい六角形になったであろうか。

  a．性格…自主性，協調性，コミュニケーション力，行動力，判断力などがあるか
  b．学力…基礎学力，専門知識，一般教養，理解力，思考力などがあるか
  c．体力…健康であるか，自己管理できるか
  d．意欲…積極性，探究心，想像力，興味・関心などがあるか
  e．態度…社会人としてマナーを身につけているか，あいさつができるか
  f．外見…場にふさわしい服装・ヘア・メイクを選ぶことができるか，姿勢がよいか

〈性格〉〈学力〉〈体力〉〈意欲〉は相互にかかわることもある。心身が健康であれば，明るく元気で意欲は高く積極的でいられるが，体調のよくないときに

は気力や思考力も下がる。食事がおろそかになり、睡眠不足が続くと活力が失われ、仕事にも悪影響を及ぼす。社会人として問われるのは、自己管理できるかどうかである。〈態度〉と〈外見〉はすぐにも実践でき、効果が大きい。だらしない格好は信頼を失うきっかけになるので、場面にふさわしい服装を選び、過度な露出は避け、清潔感のある装いをすることである。メイクやヘアスタイルは派手になりすぎないように注意する。

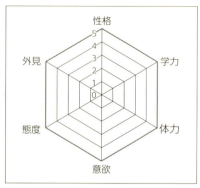

図17-3　社会人としての自分の力を確認
（5点満点で点数をつけてみよう）

②教師に求められる資質・能力

　教師に求められる資質・能力は、社会人としてのマナーを身につけたうえで、大学での学修や教育実習、ボランティアなどの社会とのつながりによっても大きく伸びる力である。自分を変化させようとする柔軟な姿勢と向上心があれば、身につくものでもある。例えば、人見知りの性格であっても、授業中子どもたちに伝える方法として必要なら、大きな声で話すことや声がけをためらうことはできない。そんな経験を積んでいくうちに、新たに身につく（変わっていく）性格もあろう。教育実習の後には大きな成長があったはずである。大学卒業後、教師になった後もまたさまざまな経験を積みながら資質の向上を心がける姿勢が大切である。

　それでは、学校現場ではどんな教師を求めているのだろうか。例えば、神戸市では、2013（平成25）年12月に「今後の神戸市教員に求める教員像」について全学校園長に対するアンケートを実施し（神戸市教育委員会会議、2013）、その結果を教員採用選考にも反映させている。神戸市教育委員会が求める教師像は、豊かな人間性あふれる教師（子どもが好きで、人権を尊重し、思いやりのある教師）、教育への意欲に満ちた教師（教育者としての誇りと自覚・使命感をもち、学び続ける向上心のある教師）、実践的指導力のある教師（教科・生徒指導力、表現力のある教師）、視野が広く対応力のある教師（明朗でバランス感覚・協調性・対人関係能力のある教師）であるとされている。このように、教員採用選考試験の要項には、求める教師像が記載されている。また、都道府県

など教育委員会のホームページには，教育の基本理念や教育の取り組み，教師のキャリアステージを踏まえた研修計画などが記されている。

(4) 課題の自覚と対策

教育実習はOJT（On the Job Training）である。模擬授業や実地授業に対して受けた指摘や，児童とのかかわり方についての批評や助言を真摯に受け止め，自らの課題としたい。子どもをどのような視点で理解し，どんな子どもに育てたいのか考えながらかかわりを深めていくことが望まれる。

①指導力向上に向けて

小学校教員は，長い時間を学級の児童と過ごすので，いつもと違う様子にも気がつきやすいはずであるが，必ずしもそうではない。大切なことは子どもの様子をよく観察することである。体調が悪いときだけでなく，心の不調のため元気がないときや荒れているときには，子どもの気持ちを推察し，話し方を変えるなど臨機応変な対応をしたいものである。それには，学校現場の参観の機会に教師の言葉がけを調査したり，教育実習でお世話になった先生方や先輩の話を聞いたり，たくさんの事例を知ることが，言葉の蓄えとなる。そして，自分自身が事例ごとに，どのように対処できるか考えることである。

②授業力向上のための工夫

児童の興味や関心は一人ひとり異なるから，授業が始まっても，心ここにあらずの子どももいる。集中を引き出すためのいろいろな工夫をしてみよう。児

導入	・姿勢・声・話し方…児童が聞く気持ちになるつかみを工夫する ・準備物　　　　…具体的な物を示す ・話題　　　　　…ニュースや身近な内容で引きつける
学習活動	・動機づけ　　　　…なぜ学習するのか，どんな力が身につくのか伝える ・指示の仕方　　　…大事な点を伝える，簡潔に話す ・指導方法の選択…子どもの反応を確かめながら，臨機応変に行う ・活動の支援　　　…他の人の意見を聞く，さまざまな意見を受容する雰囲気を作る
成果	・目に見える評価方法…子ども自身に成果を感じさせる評価方法を示す ・個別の成長過程　　…人と比べずに，その子どもの成長を見る ・成長の認知　　　　…体験学習，調べ学習を活用し，記録に残す

図17-4　授業における教師の働きかけ（例）

童や学級によっても地域によっても，関心事は変わる。普段から使える題材を意識して探しておくとよい。図17－4に，教師の働きかけの例を示している。

また，子どもとふれあう時間を多くし，子どもの目を見て話そう。前よりよくなった点を「ほめられること」はうれしいだけでなく，自分を見てくれているという安心感や信頼感につながる。具体的な「ほめ」言葉を使うと，わかりやすく伝わり，やる気を増す。

③教室環境への配慮

学級担任の仕事には，教室環境の整備がある。児童が長時間過ごす教室をどのように整えるかは重要な意味があり，明るく安全で活動しやすい教室にすることで，落ち着いた雰囲気で学習できるようになる。担任が，朝と帰りに教室を見回り，確認することによって，教室内の変化にも気がつきやすくなる。

a　生活環境として配慮すべき事項

教室の明るさ，快適さに配慮し，採光，換気に気をつける。机，いすは，児童の体格に合ったサイズのものを使用する。教室内で机の列が乱れないようにきちんと配置し，机の上を整頓することなどを指導する。また，教室内の設備・備品に破損がないかどうか点検する。

b　学習環境として配慮すべき事項

教室壁面や掲示板は，教育目標，学習・生活のきまりや当番などのほか，学習成果を発表する効果的な場所になる。教室全体にバランスよく美しく掲示するとよい。季節感を表す装飾をすると，心を豊かにすることができる。児童の作品を掲示するときには，全員のものを掲示するか，教室全体の作品の中のいずれかに取り上げるなどに注意する。

④資質向上のために取り組みたいこと

子どもにとって，教師との会話や適切なほめ言葉はやる気を起こさせるので，普段から子どもと話す機会を多くし，多面的に見る習慣をつけるとともに，話術も磨いておきたいところである。また，服装や姿勢などが与える印象は大きい。見られている自分を意識して，身だしなみに気を配ることが大切である。

教師の感受性や物事への取り組み方は，子どもに多大な影響を与える。忙しい時間を過ごす中にも周囲のさまざまなことに興味をもち，勉強以外の楽しみをもつことで，話題が増え，感性が身につくのである。また，地域や学校のボランティアなどに参加し，人とのかかわりをもつことによって，大きな学びが

ある。感性を豊かに，視野を広くするために，普段からできることの例を図17－5にあげるので，実践してみよう。

コミュニケーション力	知性と感性	表現力
コミュニケーション力 ・いろいろな年代の人と話す ・笑顔を意識する ・体で表現する ・発声を練習する ・ボランティアをする	・読書をする ・新聞を読む ・自然に目を向ける ・季節の変化を感じる ・空や雲，月を見る ・草木，生きものを観察する	・手紙を書く ・美しく文字を書く ・絵やイラストを描く ・スポーツを楽しむ ・歌や演奏を楽しむ

図17－5　教師としての資質向上のために取り組みたいこと

（古田貴美子）

〈引用・参考資料〉
- 中央教育審議会（2005）「新しい時代の義務教育を創造する（答申）」
- 中央教育審議会（2006）「今後の教員養成・免許制度の在り方について（答申）」
- 神戸市教育委員会会議（2013）「神戸市教育委員会が求める教員像について」平成25年度第17回　教第81号議案
- 経済産業省「社会人基礎力」　http://www.meti.go.jp/policy/kisoryoku/

18. 介護等体験

> この章では，教員免許状取得の際に履修が義務づけられている「介護等体験」の目的と心構えについて述べる。
> ○なぜ介護等体験が必要なのか
> ○介護等体験から何を学ぶのか
> ○介護等体験で気をつけること
> これらを意識して，介護等体験に臨んでほしい。体験させていただく相手の方々への感謝の気持ちをもち，どう接すればよいか一生懸命考えて取り組もう。体験前と体験後の自分の考えや生き方が大きく変わる貴重な日々になることはまちがいない。

(1)「介護等体験」の概要

① 「介護等体験」とは

1997（平成9）年6月「小学校及び中学校の教諭の普通免許状授与に係る教育職員免許法の特例法に関する法律」（介護等体験特例法）が公布され，平成10年4月より施行された。

この法律で「介護等体験」は，
- 教員としての質の向上を図る
- 障害者や高齢者等への介護，介助，交流を通して理解を深める

というねらいをもって定められている。

また，介護等体験を行うことで，
- さまざまな教育課題の解決を図る力をつける
- 障害のあるなしにかかわらず共生するインクルーシブ教育システムを構築する

というこれからの社会を変えていく効果も教員志望者に期待されている。

学生は，介護等体験に行く前は，相手にどう接していいか不安でいっぱいであろう。しかし，終わってみると，「先生，とてもいい経験をしました」とわ

ざわざ報告に来てくれる。困ったことや，失敗したことも話してくれる姿に，大きな成長がうかがえる。結局，相手に障害や年齢による衰え等があっても，コミュニケーションが取れ，相手も自分もうれしいという経験ができることで自信がつくのだ。相手の気持ちになり，受容と共感をもって笑顔で話を聞くことができれば大丈夫だとわかると，自分の人生観も大きく変わる。貴重な経験になることはまちがいない。

② 「介護等体験」の内容

「介護等体験」の実施施設は3種類である。（表18-1）

日数は，「7日間をくだらない」とされている（受け入れの人数の都合から「社会福祉施設等5日間，特別支援学校2日間がのぞましい」とある）。

1日の介護等体験の時間は，受け入れ側の業務や体験内容，学生が介護等体験の場所まで通う交通の便など総合的に勘案し適切な時間となっている。

表18-1 介護等体験の場所と日数

	主な学校・施設	日数
特別支援学校	知的障害や肢体不自由の特別支援学校，視覚特別支援学校，聴覚特別支援学校，病弱虚弱特別支援学校（院内学級含む）など	2日間
社会福祉施設	保育所を除く，法令に基づくほとんどすべての社会福祉施設で，児童養護施設，障害児入所施設，児童自立支援施設，乳児院，障害者支援施設など	5日間
老人保健施設	老人デイサービスセンター，介護老人保健施設，特別養護老人ホーム，養護老人ホームなど	

介護等体験で，何もわからない未熟な自分が何をするのかということで学生は不安であろう。何をするのかは，学校や施設の受け入れ態勢によって異なる。子どもや福祉施設入所者の心身の状態や障害によって学生にどのような介護や介助をさせるかは，教師や職員の過度な負担にならない範囲で受け入れ側が準備をしている。簡単な介助や介護のほか，話し相手，散歩の付き添い，掃除や洗濯，いっしょに遊んだり作業をするといったことが一般的である。事前説明会がある場合も多いので，よく聞いて，心配なことは質問しておく。行き帰りの服装と，体験中の服装，シューズ，エプロン，マスクなども衛生上や感染予防の観点からしっかり聞き，忘れ物のないように留意する。行き帰りや体験中の自分自身のけがに気をつける。体調が悪いとき，特にインフルエンザなどの感染症は，絶対に無理をしない。

介護等体験の証明は，体験先の学校長や施設長が行う。成績をつけることはなく，体験したという証明だけであるが，次の場合は証明が出ないこともある。
- 無断欠席，遅刻，無断早退，暴言，粗暴な行為，ふさわしくない服装を改めないなど

介護等体験前や体験中に，チェックすべきことをあげておく。

つめを短く切る	（　）	マニキュアをしていない	（　）
髪の毛を結ぶ，短く切る	（　）	指輪やイヤリングをはずす	（　）
携帯電話の電源を切る	（　）	仲間同士もていねいな言葉遣いをする	（　）
礼儀ただしい言葉を使う	（　）	感染する病気にかかっていない	（　）
個人情報を漏らさない	（　）	相手の目の高さにしゃがんで話す	（　）

(2)「介護等体験」の現場

①特別支援学校

特別支援学校は，種別によってさまざまな障害のある子どもたちが在籍しているが，総じて中度から重度である。また，障害が重複している場合もある。

特別支援学校の授業や生活のグループは，学ぶ内容によって障害の重い子と軽い子を分けることもあるが，混ざっていることもある。教師や介助員が複数でかかわり，チームで指導や支援に当たる。子ども同士も互いにかかわり合い，助けたり助けられたりして学ぶ。一人ひとりの子どもたちに「個別の指導計画」があり，教師は短期目標や長期目標に向けて毎日の指導計画を立てている。また，どの子どもも「個別の教育支援計画」が策定されている。これは，就学前の療育から，学校を卒業し社会で働くようになったその先々まで，福祉や医療，学校，労働が連携して一貫した支援をしていく目的で生涯にわたるものである。

障害のある子どもたちには，今克服しようとしている課題が設定されているのであるから，むやみに手助けをしたり，代わりにやってあげるという行為は避けたい。見守る，言葉がけだけするというのも支援になる。子どもによっては，強いこだわりがあったり，危険認知が弱い場合があるので，危険な行為はすぐに止める。眼鏡に手を出してくる子どももいるので，学生も子どももけがのないよう十分に気をつける。身体にさわってくる子どもや社会的に許されがたい行為を繰り返す子どもには，根気よく「○○しません」とどの教師もやっている同一基準で指導に当たるようにする。子どもからみれば，学生も「先

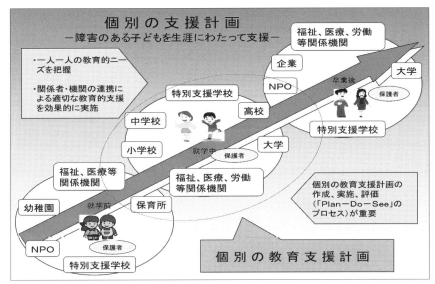

図18−1 個別の教育支援計画のイメージ図（独立行政法人国立特別支援教育総合研究所HPより）

生」なのである。

　特別支援学校での介護等体験を終えた学生は，みな「感動しました」と言う。障害のある子どもが努力する姿や，成長する姿を見て，怠惰な自分を恥じる学生もいる。「特別支援学校の先生になりたい」と進路変更をした学生もいる。それほどの人生観の変容のある学びができる。

②社会福祉施設

　根拠となる法令に基づいて，さまざまな社会福祉施設がある。入所している方々は，乳児から高齢者まで年齢層も幅広い。そして，入所している事情や目的も違うので，援助の仕方も施設によって違ってくる。したがって，自分が行くことになった施設はどのような援助を行うところなのか特徴を事前に調べておく。どのような態度で臨むのがよいか，あらかじめ把握しておくことが大切である。以下に，施設ごとの主な注意点をあげておく（表18−2）。

　入所者の中には，幼い子どもや障害のある人，高齢で認知症のある人などもいる。やさしく接したいと考えるあまり，幼児言葉を使うことは慎みたい。人権を守り，相手に敬意を払ったていねいな話し方をすることが大切である。

表18-2　施設の種類と特に注意すること

施設の種類	特に注意すること
高齢者施設	・年長者に対する礼儀正しい言葉遣いをする。 ・何かをする前に必ず声かけをする。 ・対応が難しいときは必ず職員に報告する。
児童福祉施設	・0歳から18歳の年齢の子どもたちだが，ていねいに話す。 ・指示語，否定語は使わず，受容的な態度で接する。 ・言いなりにならず，要望に応えられないときははっきり断る。 ・難しい対応にぶつかったら，職員に相談する。
障害者施設	・人としての尊厳を守り，子ども扱いをしない。 ・わかりやすくはっきり話す。 ・車椅子の人には目の高さに合わせてしゃがむ。 ・何でもしてあげるではなく，自分でしたいという意思を確認する。
生活保護施設	・生活上の困難を背負う入所者の背景を理解して接する。 ・DV被害など入所者の情報は厳密に守られなければならない。

　入所者にとって，施設はわが家同然である。安心して過ごせる生活の場である。そこへ福祉について十分に学んでいない学生たちが入れ替わり立ち替わり介護等体験にやってくるのである。入所者の中には，新たな出会いを楽しみにしている人や子どももいるが，いやな思いをしたことがあり歓迎したくないという人もいる。介護体験の学生に慣れた入所者と接すると，コミュニケーションもうまく図れて，学生にとっても福祉や介護の仕事にやりがいをみつける機会になることが多い。しかし，暴言を吐くことで自分に振り向いてもらいたいという入所者もいる。そういう相手に出会った学生は戸惑い，もうかかわりたくないと辛くて悩むこともあるだろう。このようなときは，施設職員に相談したり，不適切な言動でしか気持ちを表現することができなくなってしまった入所者の背景をじっくり考えたりしよう。愛情に満ちた言葉を粘り強くかけ続けることが，相手のかたくなな気持ちをときほぐすということがわかる貴重な体験となるだろう。このような体験が，将来，一人ひとりの子どもをしっかり理解し支援する教師になるための礎になるはずである。
　どう接していいかわからないことが多いと思われるが，施設職員の動きや話し方をよく観察し，なぜそうしているのかを考えるようにすると，自分自身が成長できる学びが随所にあることに気付ける。この仕事に携わる人々の専門性

や献身的な努力をしっかり見ておこう。教師になると，子どもの課題を解決していくため関連諸機関の方々と連携することが多いが，介護体験での見聞が大いに役立つだろう。

(3) 振り返りのワーク

問1　なぜ介護等体験が必要なのですか？
問2　介護等体験から何を学んでくるのですか？
問3　介護等体験で気をつけるべきことは何ですか？

自分の考えを出して，グループで話し合って理解を深めなさい。

（谷山優子）

〈引用・参考文献〉
- 全国特別支援学校長会（2014）『特別支援学校における介護等体験ガイドブック　フィリア［インクルーシブ教育システム版］』ジアース教育新社
- 全国社会福祉協議会（2015）『よくわかる社会福祉施設第4版　教員免許志願者のためのガイドブック』
- 独立行政法人国立特別支援教育総合研究所（2006）『「個別の教育支援計画」の策定に関する実際的研究』http://www.nise.go.jp/kenshuka/josa/kankobutsu/pub_c/c-61.html（September 28, 2017に閲覧）

● 資料編

| 資料1 | 指導案の書き方と指導案例 |

(指導案例1)
第4学年○組・道徳学習指導案

指導者　○○　○○

1. 日時　○○○○年○月○○日（○曜日）　第○校時
2. 題材　いろいろなとらえ方に気付こう（イソップ童話「ウサギとカメ」とその続き）
3. 趣旨
　○児童について
　　本学級の子どもたちは，明るく元気である。遊び係の提案などで学級全体が遊ぶということも多く，仲がよい。その中で，友達に「静かにしましょう」「ちゃんと聞いてください」などの注意をはっきり言えるようになってきており，自身ですべきことを判断する力は育ってきている。しかし一方で…(中略)…自分はこう思う，こうしたいということだけでなく，人によって考え方，とらえ方が違うことに改めて気付き…(中略)…もらいたい。

> ⇒　ここは一般的な子どもの様子ではなく，その時点での学級の子どもの実態（子どもの育っているところや課題と思われるところ）を学習内容とかかわらせて書きます。今，どんなことに興味・関心をもっているか，どんな学習経験があるか，気付いていないことは何かなどを書きます。

　○教材について
　　今回取り上げる教材は，ウサギとカメの…(中略)…続編として，寝ていたウサギを起こさなかったことを後悔するカメが，もう一度競争しようと提案し，…(中略)…勝負に勝ったカメが後悔する気持ち，そしてそれからの行動を考えて…(以下略)。
　　その後の物語を通してそうしたことに気付き，…(中略)…行動をとれるような考えを育てていきたい。

> ⇒　ここは，教科の学習の場合は，教材が教科の系統の中でどのような位置にあり，子どもにとってどのような意味や価値をもっているかを書きます。道徳の場合は，その教材がもつ価値を中心に書くとよいでしょう。

　○指導について
　　指導にあたっては，まずよく知られているイソップ童話「ウサギとカメ」の物語を聞いて，素直に何を感じたか，ウサギやカメの気持ちや自分なら何を感じるかなどを言ってもらう。そうすることで…(中略)…本音を引き出したい。その後カメがあまり喜んでいないような表情の絵を提示し…(中略)…気付いてもらいたい。…(中略)…子どもたち自

身の生活経験の中から…(中略)…違ったとらえ方，感じ方があることに気付いてもらいたい。

> ⇒ ここでは，何を教えるかを明確にします。子どもと教材をどのように結びつけていくのか，教材をどのように子どもに出会わせていくのかなどの指導をする際の工夫などを書きます。そして，どのような子どもの姿を期待するかも書くとよいでしょう。

4．本時のねらい
　○（略）
5．本時の展開

学習活動	教師の支援とその意図
1．イソップ童話「ウサギとカメ」を聞き，どういうことを伝えたい話か考える。 ・努力する方がいいこと ・油断するとよくないこと	○「ウサギとカメ」の紹介をし，この物語の伝えたい教訓を読み取ることで，原作の意図を改めて確認させる。 ⇒『教師の支援とその意図』は，具体的な教師の支援（子どもへの投げかける言葉や手立て）を書き，それはどのような考えからそのようにしたのかを書きます。
2．負けたウサギと勝ったカメの気持ちについて考える。 ・カメは努力が報われてうれしい。 ・ウサギはさぼったことを後悔する。	
3．違う視点の考え方に気付く。 ○自分がカメだったらどんなことを感じるか話し合う。 ○うれしくなさそうなカメの絵を提示し，原因について探る。	○「自分だったら」というような示唆をし，自身と置き換えて考えるようにする。感じたことを物語の内容についての話だけで終わらないように，自身のことを考えさせるようにするためである。 ○（中略）
4．ウサギもカメも笑顔の絵を提示し，意見交換を交流する。	○ウサギとカメが笑顔である絵を提示し，そうなるまでの過程を自由に考えてワークシートに書いてもらう。人の意見を聞き，いろいろな解決方法について気付いてもらいたい。

（指導案例２）

第２学年○組・国語科学習指導案

指導者　○○　○○

1．日時　○○○○年○月○○日（○曜日）　第○校時
2．題材　詩「おおきくなあれ」を声に出して読もう
3．趣旨
○児童について
　　本学級の子どもたちは，休み時間や自習の時間などに学級図書や持参した本などを読んでいる姿がよく見られ，日頃から読書活動に親しんでいる。授業中に音読の発表を促すと，ほとんどの子どもが手を挙げ，積極的に発表しようという姿が見られる。また，『スイミー』の学習では，読解の仕方を学ぶとともに，物語を暗唱して，各場面の様子や登場人物の心情を想像しながら，心をこめて人に話を伝えるという学習に取り組んできた。
○教材について
　　本単元では２年生になって初めて授業で詩を扱う。これまでの授業で扱った説明文や物語文とは違い，詩の『おおきくなあれ』は二連からなる短い文章である。「ぷるん」や「ちゅるん」といった擬態語や，「おおきくなあれ」「あまくなれ」といった作者の思いを表す表現が，短い文章の中に繰り返し用いられている（リフレイン）。何度も声に出して読むことで，それらの擬態語やリズムのよさといった詩のおもしろさを味わうことができる教材である。また，この詩の一連目と二連目は似たような表現が繰り返されているため，既習を利用して三連目を創作することで，自分の想像した内容を表現する活動が展開できる。
○指導について
　　指導にあたっては一人読み，一斉読みなどのさまざまな読み方をさせることで，この文章の擬態語のおもしろさやリズムのよさを，子どもたちが体感できるようにしたい。「ぷるん」や「ちゅるん」といった擬態語に着目させ，そこから場面の様子を想像することや，詩の内容を吟味することで，子どもたち自身が詩のおもしろさに気付き，楽しんで詩を読めるようにしたい。そして，一連と二連を読んで気付いたことをもとに，三連を創作する活動を展開する。この活動を通して，子どもたちが自分で想像した内容を言葉で表現できるようにさせたい。さらに，自分たちの創作した詩を互いに発表し合う場を設けることで，自分の表現を再認識したり，他者の表現から吸収したりできる機会にしたい。そのような体験を通して，表現力の幅を広げられるようにしたい。
4．単元目標
○詩の内容を想像したり，擬態語のおもしろさを味わったりすることで楽しく読むことができる。
○学んだ詩の技法やおもしろさを生かして，自分なりの詩の表現をしようとする。
5．指導計画（全２時間）
　第１次　本文を声に出して読み，気付いたことを出し合う。それらの意見をもとに，詩の特徴やおもしろさについて考え，理解する。（１時間　本時）
　第２次　擬態語を使った表現について考え，発表する。詩の表現の特徴やおもしろさを生かして，三連をつくる。（１時間）

6．本単元の評価規準

国語への関心・意欲・態度	音読することで，詩のもつおもしろさを自ら感じ取ろうとする。
言語についての知識・理解・技能	詩の表現のおもしろさを感じ取り，技法を理解することができる。
書く能力	学んだ技法を生かして，自分の想像した内容を書き表すことができる。
読む能力	擬態語のおもしろさやリズムのよさなどの詩の特徴に気付き，声の出し方を工夫して音読することができる。

7．本時のねらい
  ○（略）

8．本時の学習（第1次）

学習活動	教師の支援とその意図
1．「おおきくなあれ」を声に出して読んでみる。（一斉読み，一人読み） ・大きな声で読めたよ。 ・〜さんの読み方が上手だったね。 ・短い文章だなぁ。	○個人で自由に読む時間や，人が音読するのを聞く時間を設ける。それは，詩の表現やリズムに気付けるようにするためである。また，各自の気付いたことについて後に発表してもらうことを事前に提示しておく。それは，子どもたちが目的をもって読み，聞くことができるようにするためである。
2．自分で読んだり，人が読んでいるのを聞いたりして気付いたことについて意見を出し合う。 ・「ぷるん ぷるん ちゅるん」が楽しい感じがするね。 ・二つに分かれているよ。 ・「おもくなれ」「あまくなれ」とは誰が思っているのだろう。	○教科書の気付きがあった箇所に丸印をつけさせる。それは，どの箇所に子どもたちの気付きがあったのか，教師が把握できるようにするためである。 ○擬態語に着目した意見を取り上げ，次の活動につなげる。
3．擬態語に着目して，詩のおもしろさを考える。 ○「ぷるん ぷるん ちゅるん」という擬態語に着目してイメージを広げる。 ・雨の入っていく音だと思うな。 ・雨の滴が滑っていく様子だと思うよ。 ・果物がつるつるしている感じがするよ。 ○他の物でも，「ぷるん ぷるん ちゅるん」という表現で当てはまるかどうかについて考えてみる。 ・すべすべしていなかったら，「ぷるん ぷるん」って感じはしないなぁ。 ・かぼちゃの表面はごつごつしているね。 ・「ごろん ごろん ぽとん」はどうかなぁ。	○子どものイメージを大切に，いろいろな意見を出させ，そこから詩の楽しさが伝わるように話を広げていく。ただし，子どもの意見が拡散しないように，発言者の意図が聞いている子どもたちにも共有できるように留意する。 ○活動内容が本文から離れ，発展していくが，この活動は本文の読み取りを深める意図があることを事前に提示しておく。これは，後に授業の流れを戻りやすくするためである。 ○「かぼちゃだったら」などと具体的なものを例示して，それに合う擬態語を考えさせる。これは，りんごやぶどうに対して「ぷるん」や「ちゅるん」という擬態語を用いた作者の気持ちを想像させるためである。
4．読み方を工夫して，実際に声に出して読んでみる。 ・リズムが出るように読んでみよう。 ・「ぷるん ぷるん ちゅるん」はつやつやした感じを出して読みたいな。	○教師がわざと棒読みをして，悪い例を示す。これは，子どもたちがどのように読んだらよいのか主体的に考えさせるためである。そして，繰り返し読む練習をすることで，読み方の工夫を自分のものにできるようにする。 ○班ごとに音読を行い，友達のよかった点を発表させる。これは，他者の音読をしっかり聞き，その表現方法に注目させるためである。

(指導案例3)

第3学年○組・算数科学習指導案

指導者　○○　○○

1．日時　○○○○年○月○○日（○曜日）　第○校時
2．題材　「グループ分けの達人になろう」
3．趣旨
　○児童について
　　　子どもたちはこれまで2位数÷1位数のわり算のうち，商が1位数になる割り切れるわり算について，包含除の場合と等分除の場合それぞれの意味を考えながら学習してきた。またわり算を用いて，わり算の商をかけ算九九を用いて求める方法や，発展的な内容として，商が2位数（ただし十の位は1）になる場合のわり算についてふれた。子どもたちは新しい計算についての学習に大変積極的であり，わり算の課題を適切に処理し意味よく理解することができている。この子どもたちのわり算に対する意欲を本単元でも発揮してもらいたいと思っている。
　○単元について
　　　本単元は2位数÷1位数のわり算のうち，商が1位数になるあまりのあるわり算について，子どもたちの日常性に合うように「グループ分け」の課題を通して学習する。学習する内容は，あまりのあるわり算を式で表現する方法とその読み方，あまりは除数より常に小さくなること，かけ算九九とたし算を活用して答えの確かめができること，あまりが発生することを解釈して求めるべき数を求める数を求めることである。どの内容もこれまでに学習したかけ算とわり算の知識や技能が前提となっている。
　○指導について
　　　指導にあたって，導入においては前回の単元の復習（割り切れるわり算）を兼ねたグループ分けの課題を提示した後，本単元の内容であるあまりのあるわり算になる課題を提示し，あまりのあるわり算があることと，このわり算の式での表現方法や読み方について伝えたい。第二に，同様なグループ分けの問題を用いて，あまりの大きさが除数より必ず小さくなることをグループ分けの人数を変化させていくことによって理解させたい。第三に，答えの確かめがかけ算九九とたし算を活用することによってあまりのあるわり算においてもできることを，グループ分けのおさらいをする形で理解させたい。第四に，あまりが発生することを解釈して解く内容の課題を考えさせたい。最後に，学習内容を確認するような文章題をいくつか提示し，子どもたちに「グループ分けの達人」になれるように，さまざまな課題を一緒に考えていくことを通して支援していきたい。
4．単元目標
　○わり算の意味，あまりの意味を理解して，あまりのあるわり算を求めることができ，場面に応じてあまりを適切に処理することができる。
　○子どもたちが生活するうえで必要なあまりのあるわり算を用いる課題に進んで取り組もうとする。
5．指導計画（全6時間）
　　第1次　3年△組をグループ分けしよう（1時間　本時）
　　第2次　あまりの大きさを考えよう（2時間）
　　第3次　あまりの意味を考えよう（2時間）
　　第4次　グループ分けの達人になろう（1時間）

6．本単元の評価規準

算数への関心・意欲・態度	(あ) あまりのあるわり算の問題に進んで取り組もうとする。（発言・活動・ノート）
数学的な考え方	(あ) わり算の意味を理解して，あまりのあるわり算の求め方を考えることができる。（発言・ノート） (い) あまりの意味や除数とあまりの大きさの関係を考えることができる。（発言・ノート）
数量や図形についての表現・処理	(あ) あまりのあるわり算の計算ができる。（単元末テスト）
数量や図形についての知識・理解	(あ) あまりのあるわり算の計算の仕方がわかる。（発言・ノート・単元末テスト） (い) あまりの意味やあまりと除数との大きさの関係がわかる。（発言・ノート・単元末テスト）

7．本時の目標
○3年△組のグループ分けを通して，あまりのあるわり算について考えることができる。

8．本時の学習（第1次　第1時）

学習活動	教師の支援とその意図	評価
1．グループ分けについて振り返る。 　40人のクラスがあります。5人ずつのグループをつくるとき，グループは何組できますか。 ・式は40÷5＝8で，答えは8組です。 ・5の段で九九を考えると5×8＝40だから8組です。 2．3年△組のグループ分けについて考える。 　38人のクラスがあります。5人ずつのグループをつくるとき，グループは何組できますか。 ・38は5では割れないな。 ・5の段の九九に38になる答えはないね。 ・40人クラスのときは8組だったから，答えは1組少なくなって7組じゃないかな。 ・式は38÷5でいいのかな。 3．活動を通して考える。 　○実際に5人のグループを作る活動を行い，答えを求める。 ・グループは7組できたね。 ・やっぱり3人あまったね。 　○単位を使わずに求める方法を考える。 ・38を35＋3に分けて，35÷5を考えればいいんじゃないかな。 ・おはじきを利用して考えられないかな。 ・線分図を利用して考えられないかな。 4．学習した内容を振り返る。 ・あまりのあるわり算の時も，あまりのないわり算の時とだいたい同じだね。	○先の課題を人数だけ変更して，△組のグループ分けの問題にして考えさせる。わり算には割り切れない場合があることを子どもたちに理解させるためである。子どもたちの気付きや考えをもとに，答えの予想を立てたい。 ○実際に活動を通して，問題の答えを求める。正解を知るとともに，グループ分けをすると人数が余ってしまうことを体験的に理解させるためである。 ○この活動の結果を踏まえて，活動をしないで求める方法を考えさせる。これは，かけ算九九を考えることなどで答えを求めることができることを理解させるためである。 ○学習内容を振り返るためである。「38÷5＝7…3」の表記については，ここで指導を行う。	数学的な考え方(あ)

（指導案例4）

第4学年○組・理科学習指導案

指導者　○○　○○

1. 日時　○○○○年○月○○日（○曜日）　第○校時
2. 題材　空気でっぽうで玉をとばそう
3. 趣旨
   ○児童について
   　　本学級の子どもたちは，葉の脱色やイライラ棒などの夏休みの宿題でも見られるように，非常に科学遊びが好きである。また，すでにもののかさと温度，もののあたたまりかたの学習を終えており，空気や水は熱を加えると体積が大きくなったり，冷やすと体積が小さくなったりすること，空気と水では空気の方が熱を加えたり冷やしたりしたときの体積変化が大きいことを学習している。しかし生活の中で自転車のタイヤを指で押したり，うきわをさわったりして，空気の弾力を感じたりしているものの，閉じ込められた空気や水に力を加えた時にどうなるかというのは，十分にわかっていない。
   ○単元について
   　　本単元は，閉じ込められた空気や水に力を加えることで，空気は押し縮めることができ，そしてそれに応じて押し返してくる力が強くなること，水は押し縮められないことについて学ぶ。その学習のために，科学遊びである空気鉄砲を扱う。空気鉄砲は，弾と押し棒の間に閉じ込められた空気が押し縮められ，もとに戻ろうとする力によって玉を前に飛ばすもので，子どもたちは遊びながらそのことを学ぶことができるので，科学遊びが好きな本学級の子どもたちに適している。
   ○指導について
   　　そこで，指導にあたっては，まず空気鉄砲で遊び，その後中に閉じ込められている空気に着目させて玉がどのように飛び出しているのかを考えさせる。次に仕組みをさぐる実験結果をもとに，閉じ込められた空気の性質を考察させる。その際，空気の性質をとらえるために，空気と水との比較を行う。空気鉄砲に水を入れての実験や，ピストンでの空気と水との比較実験をして，空気と水の違いを手応えで感じられるようにしたい。そして，実験や考察で閉じ込められた空気や水の性質について比べて理解できるようにしたい。さらに，その性質が身の回りの物でいかにして利用されているかを提示し，学んだことが，生活でも生かされていることに関心をもたせていきたい。
4. 単元目標
   ○閉じ込められた空気や水の性質について関心をもち，水と空気の性質の違いに気付く。
   ○空気は押し縮めることができ，押し縮めた分だけ押し返そうとすることがわかる。
   ○閉じ込められた空気や水の性質を利用した身の回りのものを探そうとする。
5. 指導計画（全7時間）
   第1次　空気鉄砲で遊ぶ経験を通して，玉がどのように発射されるかを考える。（2時間　本時2／2）
   第2次　空気鉄砲に水を入れたり，ピストンを用いて空気と水を押し縮めたりして，空気と水の性質の違いについて考える。（3時間）
   第3次　閉じ込められた空気と水の性質が，それが身の回りでどう使われているかを探す。（2時間）

6．本単元の評価規準

自然現象への関心・意欲・態度	あ：空気鉄砲に関心をもち，閉じ込められた空気の性質を考えようとする。 い：空気と水との性質の違いを実験で確かめようとする。 う：閉じ込められた空気や水の資質を利用した身の回りのものに関心をもつ。
科学的な思考	あ：実験から，閉じ込められた空気が力を加えると押し縮められ，それに応じて押し返す力が強くなることを考えることができる。
観察・実験の技能・表現	あ：空気や水に力を加えたときの予想を立て，そのことを実験で確かめることができる。
自然現象についての知識・理解	あ：空気は押し縮めることができるが，水は押し縮めることができないこと，押し縮められた空気はもとに戻ろうとすることがわかる。

7．本時の目標
　○空気鉄砲の仕組みについて立てた予想をもとに実験を行い，玉の出方から空気が押し縮められていることがわかる。

8．本時の学習（第1次　第2時）

学習活動	教師の支援とその意図	評価
1．前時の遊びを振り返る。 ・よくみてなかった。 ・ぎゅってなってすぽーんってなったよ。 ・玉を奥まで入れたほうがよく飛んだよ。	○振り返りの中で，どのようにして飛んだかを問いかける。筒の中がどうなっているのかに着目して，気付いたことをたずねることで，玉を飛ばすことに夢中で十分にその様子を見ていないことを自覚させたい。	
2．押し棒がどの位置で玉が飛び出るかを予想する。 ・押し出した地点かな。 ・押し出した地点と玉の間かな。 ・押し棒が玉に当たるところかな。	○ワークシートを配り，自分の予想を書かせ，それを発表させる。紙に図や文字を使って表すことで，考えを表現しやすくさせたい。そのために，このワークシートには，鉄砲の筒の図だけをいくつか載せておき，飛び出す様子を自由に書けるようにする。	
3．玉の飛び方をたしかめる。 ○手元で空気鉄砲を飛ばす。 ・ばねみたい。 ・だんだん押し返す力が強くなる。 ○友達の気付きを聞き合う。 ・昨日の遊びでは気付かなかった。 ・途中で手を離すと押し棒が戻った。	○手元のビニール袋の中に玉を飛ばすようにして，玉が飛ぶ先ではなく空気鉄砲の中に注目するよう促す。これは，空気鉄砲というものの性質上，どうしても飛ばすことや，飛んだ玉に目がいってしまいがちだからである。 ○班の友達と話し合うことで，実験を通して得られた考えを伝えるために整理させたい。その際，空気の縮まり方に目がいくような支援，例えば途中で押し棒を離すともとの位置に戻るなどの発言を全体に広げたり，そのことに目がいくよう助言したりする。	技能・表現(あ)
4．実験でわかったことを話し合う。 ・押し出した地点の間だったよ。 ・途中で押し棒を離すともとの位置に戻ったよ。	○意見が一致した後，玉の出方についていくつか考え方があったことを思い出させて，玉が飛び出るときの押し棒の位置が最初押し出した地点と玉の間にあるわけを説明させる。また，空気の弾力性についてもふれ，次時につなげたい。	

(指導案例5)

第4学年○組・体育科学習指導案

指導者　○○　○○

1．日時　○○○○年○月○○日（○曜日）　第○校時
2．題材　セストボール大会を開こう
3．趣旨
　○児童について
　　　本学級の子どもたちは，休み時間になるとよく外に出て，キャッチボールや鬼ごっこをして遊んでいる。特に遊び係が企画するクラス遊びでは，リレーやドッジボールを行い，運動することを楽しんでいる。また，4年生で扱ったタグラグビーでは，練習・作戦づくり・ゲームを通じて，投げる・受ける・スペースに走りこむなどの技術面に関する課題やチームプレーの大切さを考えてきた。しかし，積極的に投げかけたり受けたりすることにチャレンジするものの，まだ思うようにできずにいる姿や，ボールを運ぶために，人にまかせてしまう姿も見受けられた。自らができる喜びやチームプレーによる楽しさをより感じていく必要があると考える。
　○単元について
　　　本単元で扱うセストボールは，パスのみでボールを運び相手ゴールにシュートするという運動である。この運動ではパスのよし悪しが大きくゲームに影響するため，パスの出し方や速さ，シュートの強さ，パスを受けるためのポジショニングの工夫を考える必要がある。特に，ゴールとの距離を感じてシュートの強さを調節する，ディフェンスをパスでかわして，できるだけノーマークの状態でシュートをうつということは，5年生で扱うバスケットボールの基本的な動きを身につける素地にもなっていく。また，パスでしかボールを運ぶことができないためチームで協力することがゲームの内容を左右する。ゲーム・練習・作戦づくりを通して，自分やチームの状況に合った課題を発見し，ともに解決していく過程は，チームワークの大切さを感じさせてくれるものである。
　○指導について
　　　指導にあたっては，セストボールの基本であるパスを行ううえで必要な投球動作の工夫やシュートの仕方を考えたり，よりスムーズにボールを運ぶ方法を考えたりすることを大切にしたい。動作についてはすでに3年生でも学習しているが，学年が上がることで去年よりもさらに速く正確なパスやバウンドさせたり，相手のいないところにパスを出したりすることを意識させたい。そのために，ゲームを通して気付いたそれぞれの課題を分類し，共通して練習していく課題とチームで練習していく課題に分けていく。共通練習では一人ひとりの技術の向上をねらい，二人一組でのキャッチボールや，パスを受けてすぐシュートするといった練習の場を用意する。チーム練習では，作戦づくりやチームワークにつながるように，チームごとに分かれての話し合い・練習を行わせ，パスをもらうためのポジションの確認や，ディフェンスをつけた実践形式の練習といった場を用意する。また，「楽しむ」という視点から，単元を通して，誰もが楽しめるルールづくりや審判のあり方について考える場を用意する。
4．単元目標
　○パスやシュートの仕方，ポジショニングを意識して，セストボールを楽しもうとする。
　○ゲームの展開に合わせて動きを変えるなど，うまくシュートにもっていける作戦を考えることができる。

○速いパス回しや相手のいないスペースへの走り込み，シュートの強さを調整することができる。

5．指導計画（全16時間）
　第1次　ゲームを通して，セストボール大会に向けた課題を見つける（1時間）
　第2次　セストボール大会に向けた学習計画を立てる（1時間）
　第3次　セストボール大会に向けた課題を解決するためにチームに分かれた練習やゲームを行う（12時間　本時1／12）
　第4次　セストボール大会を行う（2時間）

6．本単元の評価規準

運動への関心・意欲・態度	あ：自分たちに合ったルールを考え，チームで協力してよりみんなが楽しめるゲームをつくっていこうとする。
運動についての思考・判断	あ：自分やチームの状況に合った課題を考えることができる。 い：課題を達成するための練習を考えることができる。
運動の技能	あ：速く正確なパスを出したり，そのパスを受けたり，ゴールとの距離からシュートの強さを調節することができる。

7．本時の目標
　○実際のゲームを通して，パスの方法として，出す側だけでなく受ける側の動きに着目して考えることができる。

8．本時の学習（第3次　第1時）

学習活動	教師の支援とその意図	評価
1．セストボール大会に向けた本時の課題を確認する。 ・速いパスをする。 ・ショートパスをつなぐ。	○パスを回すことが大切という視点から，具体的なパスの方法を考えさせる。子どもたちが発言するであろう事柄を，あらかじめイラストにして用意しておく。それによって，より具体的にパスの様子についてイメージさせることができ，明確な目標の設定につながる。	
2．チームの目標を設定し練習する。 ・相手をかわしてパスしよう。 ・もらってすぐパスをしよう。	○パスの出し方についてチームで話し合う場を設ける。話し合いの場を設けることで，チームで目標を共有し，その後の練習やゲームで強く意識させるためである。コート図を渡し，練習内容を書き込むことで，一人ひとりの動きを明確にする。	
3．ゲームを行い，練習の成果や新たな課題を考える。 ○実際にゲームを行う。 ・もっと動いてよ。 ・相手がいて出せない。 ○目標についてチームで振り返る。 ・みんなボールにかたまってパスできない。 ・相手がじゃまでパスできない。	○ゲームを前半・後半に分け，それぞれプレーする者と記録する者とに分けてゲームを行う。ゲームに出ていない者がチームの課題を視点にプレーを記録することで，後の振り返り場面で具体的な話ができるようにするためである。 ○チームの目標を確認させ，ゲームをしていて気付いたことだけでなく，ゲームを見ていて気付いたことを考えさせる。	思考・判断(あ)
4．振り返りをもとに，次回の課題と練習を考えて，発表する。 ・相手がいないところにパスをする。 ・ポジショニングが大事だ。	○チームでの振り返りの内容を発表し合う場を設ける。各チームの振り返りをもとに，共通の課題に気付かせるためである。	

(指導案例6)

第1学年○組・道徳学習指導案

指導者　○○　○○

1. 日時　○○○○年○月○○日（○曜日）　第○校時
2. 題材　みんな　いきている
3. 趣旨
   ○児童について
   　　本学級の子どもたちは，身の回りの生き物に関心・興味をもって日々生き物を見つけては多様な反応を示しながら生活している。家庭ではめだかや金魚を飼って大事に育てたり，学校では，せみの死骸を持って「死んじゃってる」と悲しそうな顔をしたりと，生き物に好奇心をもって向き合っている。また，自分で植えたパンジーに毎日水をやっているのに芽が出ていないと残念がったり，落ちたイチョウの葉っぱを見つけて大事に持って見せたりする様子や，にんじんの種をもらってうれしそうに持ち帰ったりする姿も見られる。一方，いも虫が花についているところを，棒でいたずらにいじって地面に落としてしまったり，蛾や蜂などの虫類に対して，敵対心をもったり恐怖の対象としてしかとらえることができなかったりすることもあり，どんな生き物にもかけがえのない生命があり，成長していく存在であるということは，これから理解していく段階である。
   ○教材について
   　　本資料「あたらしい　いのち」は，芽を出したセンダンの種，石を持ち上げ伸びるインゲン豆の芽，葉っぱの上で出会うカタツムリの様子を，擬人法により「いのちの声」としたものである。どれも生まれたばかりの新しいいのちであり，自分で生きようとする力をもっていることを児童に想像させやすいものである。また，植物が語りかけたり，リズム感のあるかけ声を繰り返したりする文体は，児童にとって親しみやすく，実際に学校で植物の種をまき，芽が出始めているところを目にしているため，児童の生活にも身近な資料である。「手のひらを太陽に」の歌は，どんな小さな生き物にもいのちがあって生きているという実感をもたせるとともに，歌って楽しみながらいのちに対する関心を高めることができる資料である。
   ○指導について
   　　指導にあたっては，みんなが共生しているということを実感させると同時に，児童の生命尊重の心を耕すことができるよう支援したい。はじめに，どんな小さな生き物も「みんな　いきている」ということを具体的に考えられるよう，「手のひらを太陽に」の歌に出てくる生き物を取り上げ，その様子をたずねる。そして，「あたらしい　いのち」に出てくる植物の気持ちになって「いのちの声」を考えられるよう，教師がお面をかぶって植物になりきり，生きようとする力を児童に語りかける。また，身の回りにあるさまざまないのちの声を考えることができるよう，身の回りの生き物や植物を使ったロールプレイを取り入れる。最後に，友達を含む自分のまわりの生命が自分に関係しながら存在しているということを意識することができるよう，身の回りの生き物や友達とどうかかわっていきたいかを問いかけたい。
4. 本時のねらい
   ○身の回りの生き物や植物のいのちの声から，かけがえのない生命と共生していることに気付き，共感する心を培う。

5．本時の学習

学習活動	教師の支援とその意図
1．「てのひらを太陽に」を歌い，歌に出てくる生き物の様子を話し合う。 ・あめんぼが近くの池で泳いでいたよ。 ・田舎でかえるを見たよ。 ・教室にもとんぼが入ってくるよ。	○歌の中に出てくる生き物を確認できるよう，歌詞を前に貼る。実際に見たことのある生き物の様子を引き出す。自分の体験から詳しく話すように促すことにより，生き物を身近に感じ，自らとかかわりがあることに気付かせることができる。
2．「あたらしい いのち」（センダン・インゲン豆）の話を聞いてそれぞれの気持ちを考える。 ・センダン：早く大きくなりたいな。 ・インゲン豆：がんばるぞ！	○教師がセンダンとインゲン豆のお面をかぶって児童に話しかけ，植物が生きているということを想像しやすいよう支援する。擬人法を使うことにより，感情移入しやすく，植物にも生きていこうとする力があることを認識させることができる。
3．生まれたばかりのかえるとかたつむりが出会い，どんな話をしているのか考える。 ○二人一組で，どんな会話をしているかを考え，ロールプレイをする。 ・わたしはのどが渇いたので連れて行ってくれませんか。 ・いいですよ。 ○二人組同士でロールプレイを見せ合って相手ペアのよかったところを発表する。 ・楽しそうだった。 ・どきどきしているのが伝わった。	○かえるとかたつむりの会話の場面を絵カードを見せながら例を見せた後，ワークシートを配布し，二人組でせりふを考えさせる。二人組で取り組むことにより，考えを共有し，自分とは違う考え方があることを学ぶことができると期待されるからである。また，せりふをロールプレイで発表させることにより，植物の気持ちに対して共感的に考えることができる。 ○他ペアのロールプレイを見てよく表現できているところに着目させる。他のペアワークを見て自分にはないところを発見したり，フィードバックを受けることで自分を客観的に認識させたり，視点を広げるのに効果的であると考えるからである。
4．身の回りの友達や生き物に対してどんなことをしたいか考える。 ・パンジーにお水をあげたいな。 ・友達と仲よく遊びたいな。	○3で考えた友達や生き物の様子を踏まえて自分に何ができるか問いかける。他の生命が自分に関係しながら生きていることを認識し，意識をもって行動することができるようになると考えるからである。

資料2　　　小学校学習指導要領別表　学年別漢字配当表

(平成29年3月)

学年	配当漢字
第一学年	一右雨円王音下火花貝学気九休玉金空月犬見五口校左三山子四糸字耳七車手十出女小上森人水正生青夕石赤千川先早草足村大男竹中虫町天田土二日入年白八百文木本名目立力林六 （80字）
第二学年	引羽雲園遠何科夏家歌画回会海絵外角楽活間丸岩顔汽記帰弓牛魚京強教近兄形計元言原戸古午後語工公広交光考行高黄合谷国黒今才細作算止市矢姉思紙寺自時室社弱首秋週春書少場色食心新親図数西声星晴切雪船線前組走多太体台地池知茶昼長鳥朝直通弟店点電刀冬当東答頭同道読内南肉馬売買麦半番父風分聞米歩母方北毎妹万明鳴毛門夜野友用曜来里理話 （160字）
第三学年	悪安暗医委意育員院飲運泳駅央横屋温化荷界開階寒感館岸起期客急究宮球去橋業曲局銀区苦具君係軽血決研県庫湖向幸港号根祭皿仕死使始指歯詩次事持式実写者主守取酒受州拾終習集住重宿所暑助昭消商章勝乗植申身神真深進世整昔全相送想息速族他打対待代第題炭短談着注柱丁帳調追定庭笛鉄転都度投豆島湯登等動童農波配倍箱畑発反坂板皮悲美鼻筆氷表秒病品負部服福物平返勉放味命面問役薬由油有遊予羊洋葉陽様落流旅両緑礼列練路和 （200字）

	配当漢字
第四学年	愛 案 以 衣 位 茨 印 英 栄 媛 塩 岡 億 加 果 貨 課 芽 賀 改 械 害 街 各 覚 潟 完 官 管 関 観 願 岐 希 季 旗 器 機 議 求 泣 救 給 挙 漁 共 協 鏡 競 極 熊 訓 軍 郡 群 径 景 芸 欠 結 健 建 験 固 功 好 香 候 航 康 告 差 菜 最 埼 材 崎 昨 札 刷 殺 察 参 産 散 残 氏 司 試 児 治 滋 辞 鹿 失 借 種 周 祝 順 初 松 笑 唱 焼 照 城 縄 臣 信 井 成 省 清 静 席 積 折 節 説 浅 戦 選 然 争 倉 巣 束 側 続 卒 孫 帯 隊 達 単 置 仲 沖 兆 低 底 的 典 伝 徒 努 灯 働 堂 得 特 毒 熱 念 敗 梅 博 阪 飯 飛 必 票 標 不 夫 付 府 副 粉 兵 別 辺 変 便 包 法 望 牧 末 満 未 民 無 約 勇 要 養 浴 利 陸 良 料 量 輪 類 令 冷 例 連 老 労 録（202字）
第五学年	圧 囲 移 因 永 営 衛 易 益 液 演 応 往 桜 可 仮 価 河 過 快 解 格 確 刊 幹 慣 眼 基 寄 現 往 技 義 久 護 旧 救 居 許 境 鉱 禁 句 型 経 紀 記 災 規 喜 故 個 効 厚 耕 航 均 構 興 講 混 潔 妻 寄 限 際 財 罪 雑 酸 賛 士 支 史 志 師 資 査 再 採 識 在 謝 修 殺 術 績 序 招 証 象 賞 状 飼 示 職 制 性 勢 精 製 税 責 接 停 提 適 祖 造 情 織 測 属 損 燃 団 貸 築 貯 張 非 費 評 素 貧 常 増 則 率 任 独 複 破 断 版 比 肥 暴 脈 務 夢 迷 貧 布 堂 導 毒 仏 粉 編 保 判 豊 防 貿
</br>
移 因 永 営 衛 易 益 液 演 応 往 桜 可 仮 価 河 過（193字）
第六学年	胃 異 遺 域 宇 映 延 沿 恩 我 灰 拡 革 閣 割 株 干 巻 看 簡 権 裁 衆 聖 退 危 机 揮 源 疑 吸 供 胸 郷 皇 勤 紅 筋 系 敬 劇 警 穀 激 穴 座 券 絹 済 従 尊 党 奮 預 憲 策 冊 厳 貴 誤 呼 孝 姿 署 詞 誌 磁 射 捨 尺 刻 骨 骸 骨 針 仁 垂 砂 推 寸 就 盛 討 腹 優 縦 誠 宅 糖 並 幼 熟 蚕 宣 専 純 誕 乳 泉 段 暖 認 片 卵 乱 至 探 難 閉 翌 署 処 洗 染 値 納 暮 覧 裏 補 段 皇 勤 宇 映 供 誌 宝 忠 宙 拝 訪 亡 臨 己 至 宣 純 泉 暖 認 諸 除 銭 善 派 胸 紅 射 将 傷 奏 著 背 忘 朗 灰 拡 鋼 障 窓 肺 論 革 系 捨 尺 蒸 創 宗 展 俵 尊 討 腹 預 敵 痛 模 訳 郵 盛 討 優 党 批 秘 敵 批 訳（191字）

資料3　日本国憲法(抄)
(昭和21年11月3日憲法)

日本国民は、正当に選挙された国会における代表者を通じて行動し、われらとわれらの子孫のために、諸国民との協和による成果と、わが国全土にわたつて自由のもたらす恵沢を確保し、政府の行為によつて再び戦争の惨禍が起ることのないやうにすることを決意し、ここに主権が国民に存することを宣言し、この憲法を確定する。そもそも国政は、国民の厳粛な信託によるものであつて、その権威は国民に由来し、その権力は国民の代表者がこれを行使し、その福利は国民がこれを享受する。これは人類普遍の原理であり、この憲法は、かかる原理に基くものである。われらは、これに反する一切の憲法、法令及び詔勅を排除する。

日本国民は、恒久の平和を念願し、人間相互の関係を支配する崇高な理想を深く自覚するのであつて、平和を愛する諸国民の公正と信義に信頼して、われらの安全と生存を保持しようと決意した。われらは、平和を維持し、専制と隷従、圧迫と偏狭を地上から永遠に除去しようと努めてゐる国際社会において、名誉ある地位を占めたいと思ふ。われらは、全世界の国民が、ひとしく恐怖と欠乏から免かれ、平和のうちに生存する権利を有することを確認する。

われらは、いづれの国家も、自国のことのみに専念して他国を無視してはならないのであつて、政治道徳の法則は、普遍的なものであり、この法則に従ふことは、自国の主権を維持し、他国と対等関係に立たうとする各国の責務であると信ずる。

日本国民は、国家の名誉にかけ、全力をあげてこの崇高な理想と目的を達成することを誓ふ。

第3章　国民の権利及び義務

第20条　信教の自由は、何人に対してもこれを保障する。いかなる宗教団体も、国から特権を受け、又は政治上の権力を行使してはならない。
③　国及びその機関は、宗教教育その他いかなる宗教的活動もしてはならない。
第23条　学問の自由は、これを保障する。
第26条　すべて国民は、法律の定めるところにより、その能力に応じて、ひとしく教育を受ける権利を有する。
②　すべて国民は、法律の定めるところにより、その保護する子女に普通教育を受けさせる義務を負ふ。義務教育は、これを無償とする。

資料4　教育基本法
(平成18年12月22日法律第120号)

教育基本法（昭和22年法律第25号）の全部を改正する。

我々日本国民は、たゆまぬ努力によって築いてきた民主的で文化的な国家を更に発展させるとともに、世界の平和と人類の福祉の向上に貢献することを願うものである。

我々は、この理想を実現するため、個人の尊厳を重んじ、真理と正義を希求し、公共の精神を尊び、豊かな人間性と創造性を備えた人間の育成を期するとともに、伝統を継承し、新しい文化の創造を目指す教育を推進する。

ここに、我々は、日本国憲法の精神にのっとり、我が国の未来を切り拓く教育の基本を確立し、その振興を図るため、この法律を制定する。

第1章　教育の目的及び理念

(教育の目的)
第1条　教育は、人格の完成を目指し、平和で民主的な国家及び社会の形成者として必要な資質を備えた心身ともに健康な国民の育成を期して行われなければならない。

(教育の目標)
第2条　教育は、その目的を実現するため、学問の自由を尊重しつつ、次に掲げる目標を達成するよう行われるものとする。
一　幅広い知識と教養を身に付け、真理を求める態度を養い、豊かな情操と道徳心を培うとともに、健やかな身体を養うこと。
二　個人の価値を尊重して、その能力を伸ばし、創造性を培い、自主及び自律の精神を養うとともに、職業及び生活との関連を重視し、勤労を重んずる態度を養うこと。
三　正義と責任、男女の平等、自他の敬愛と協力を重んずるとともに、公共の精神に基づき、主体的に社会の形成に参画し、その発展に寄与する態度を養うこと。
四　生命を尊び、自然を大切にし、環境の保全に寄与する態度を養うこと。
五　伝統と文化を尊重し、それらをはぐくんできた我が国と郷土を愛するとともに、他国を尊重し、国際社会の平和と発展に寄与する態度を養うこと。

(生涯学習の理念)
第3条　国民一人一人が、自己の人格を磨き、豊かな人生を送ることができるよう、その生涯にわたって、あらゆる機会に、あらゆる場所において学習することができ、その成果を適切に生かすことのできる社

会の実現が図られなければならない。
(教育の機会均等)
第4条　すべて国民は，ひとしく，その能力に応じた教育を受ける機会を与えられなければならず，人種，信条，性別，社会的身分，経済的地位又は門地によって，教育上差別されない。
2　国及び地方公共団体は，障害のある者が，その障害の状態に応じ，十分な教育を受けられるよう，教育上必要な支援を講じなければならない。
3　国及び地方公共団体は，能力があるにもかかわらず，経済的理由によって修学が困難な者に対して，奨学の措置を講じなければならない。

第2章　教育の実施に関する基本

(義務教育)
第5条　国民は，その保護する子に，別に法律で定めるところにより，普通教育を受けさせる義務を負う。
2　義務教育として行われる普通教育は，各個人の有する能力を伸ばしつつ社会において自立的に生きる基礎を培い，また，国家及び社会の形成者として必要とされる基本的な資質を養うことを目的として行われるものとする。
3　国及び地方公共団体は，義務教育の機会を保障し，その水準を確保するため，適切な役割分担及び相互の協力の下，その実施に責任を負う。
4　国又は地方公共団体の設置する学校における義務教育については，授業料を徴収しない。
(学校教育)
第6条　法律に定める学校は，公の性質を有するものであって，国，地方公共団体及び法律に定める法人のみが，これを設置することができる。
2　前項の学校においては，教育の目標が達成されるよう，教育を受ける者の心身の発達に応じて，体系的な教育が組織的に行われなければならない。この場合において，教育を受ける者が，学校生活を営む上で必要な規律を重んずるとともに，自ら進んで学習に取り組む意欲を高めることを重視して行われなければならない。
(大学)
第7条　大学は，学術の中心として，高い教養と専門的能力を培うとともに，深く真理を探究して新たな知見を創造し，これらの成果を広く社会に提供することにより，社会の発展に寄与するものとする。
2　大学については，自主性，自律性その他の大学における教育及び研究の特性が尊重されなければならない。
(私立学校)
第8条　私立学校の有する公の性質及び学校教育において果たす重要な役割にかんがみ，国及び地方公共団体は，その自主性を尊重しつつ，助成その他の適当な方法によって私立学校教育の振興に努めなければならない。
(教員)
第9条　法律に定める学校の教員は，自己の崇高な使命を深く自覚し，絶えず研究と修養に励み，その職責の遂行に努めなければならない。
2　前項の教員については，その使命と職責の重要性にかんがみ，その身分は尊重され，待遇の適正が期せられるとともに，養成と研修の充実が図られなければならない。
(家庭教育)
第10条　父母その他の保護者は，子の教育について第一義的責任を有するものであって，生活のために必要な習慣を身に付けさせるとともに，自立心を育成し，心身の調和のとれた発達を図るよう努めるものとする。
2　国及び地方公共団体は，家庭教育の自主性を尊重しつつ，保護者に対する学習の機会及び情報の提供その他の家庭教育を支援するために必要な施策を講ずるよう努めなければならない。
(幼児期の教育)
第11条　幼児期の教育は，生涯にわたる人格形成の基礎を培う重要なものであることにかんがみ，国及び地方公共団体は，幼児の健やかな成長に資する良好な環境の整備その他適当な方法によって，その振興に努めなければならない。
(社会教育)
第12条　個人の要望や社会の要請にこたえ，社会において行われる教育は，国及び地方公共団体によって奨励されなければならない。
2　国及び地方公共団体は，図書館，博物館，公民館その他の社会教育施設の設置，学校の施設の利用，学習の機会及び情報の提供その他の適当な方法によって社会教育の振興に努めなければならない。
(学校，家庭及び地域住民等の相互の連携協力)
第13条　学校，家庭及び地域住民その他の関係者は，教育におけるそれぞれの役割と責任を自覚するとともに，相互の連携及び協力に努めるものとする。
(政治教育)
第14条　良識ある公民として必要な政治的教養は，教育上尊重されなければならない。
2　法律に定める学校は，特定の政党を支持し，又はこれに反対するための政治教育その他政治的活動をしてはならない。
(宗教教育)
第15条　宗教に関する寛容の態度，宗教に関する一般的な教養及び宗教の社会生活における地位は，教育上尊重されなければならない。
2　国及び地方公共団体が設置する学校は，特定の宗教のための宗教教育その他宗教的活動をしてはなら

ない。

第3章　教育行政

(教育行政)
第16条　教育は，不当な支配に服することなく，この法律及び他の法律の定めるところにより行われるべきものであり，教育行政は，国と地方公共団体との適切な役割分担及び相互の協力の下，公正かつ適正に行われなければならない。
2　国は，全国的な教育の機会均等と教育水準の維持向上を図るため，教育に関する施策を総合的に策定し，実施しなければならない。
3　地方公共団体は，その地域における教育の振興を図るため，その実情に応じた教育に関する施策を策定し，実施しなければならない。
4　国及び地方公共団体は，教育が円滑かつ継続的に実施されるよう，必要な財政上の措置を講じなければならない。

(教育振興基本計画)
第17条　政府は，教育の振興に関する施策の総合的かつ計画的な推進を図るため，教育の振興に関する施策についての基本的な方針及び講ずべき施策その他必要な事項について，基本的な計画を定め，これを国会に報告するとともに，公表しなければならない。
2　地方公共団体は，前項の計画を参酌し，その地域の実情に応じ，当該地方公共団体における教育の振興のための施策に関する基本的な計画を定めるよう努めなければならない。

第4章　法令の制定

第18条　この法律に規定する諸条項を実施するため，必要な法令が制定されなければならない。

附則抄

(施行期日)
1　この法律は，公布の日から施行する。

資料5　学校教育法施行規則(抄)
(昭和22年5月23日文部省令第11号)
(最終改正年月日:平成29年3月31日文部科学省令第18号)

第4章　小学校

第2節　教育課程

第50条　小学校の教育課程は，国語，社会，算数，理科，生活，音楽，図画工作，家庭及び体育の各教科(以下この節において「各教科」という。)，道徳，外国語活動，総合的な学習の時間並びに特別活動によつて編成するものとする。

2　私立の小学校の教育課程を編成する場合は，前項の規定にかかわらず，宗教を加えることができる。この場合においては，宗教をもつて前項の道徳に代えることができる。

第51条　小学校(第52の2第2項に規定する中学校連携型小学校及び第79条の9第2項に規定する中学校併設型小学校を除く。)の各学年における各教科，道徳，外国語活動，総合的な学習の時間及び特別活動のそれぞれの授業時数並びに各学年におけるこれらの総授業時数は，別表第1に定める授業時数を標準とする。

第52条　小学校の教育課程については，この節に定めるもののほか，教育課程の基準として文部科学大臣が別に公示する小学校学習指導要領によるものとする。

第52条の2　小学校(第79条の9第2項に規定する中学校併設型小学校を除く。)においては，中学校における教育との一貫性に配慮した教育を施すため，当該小学校の設置者が当該中学校の設置者との協議に基づき定めるところにより，教育課程を編成することができる。
2　前項の規定により教育課程を編成する小学校(以下「中学校連携型小学校」という。)は，第74条の2第1項の規定により教育課程を編成する中学校と連携し，その教育課程を実施するものとする。

第52条の3　中学校連携型小学校の各学年における各教科，道徳，外国語活動，総合的な学習の時間及び特別活動のそれぞれの授業時数並びに各学年におけるこれらの総授業時数は，別表第二の二に定める授業時数を標準とする。

第52条の4　中学校連携型小学校の教育課程については，この章に定めるもののほか，教育課程の基準の特例として文部科学大臣が別に定めるところによるものとする。

第53条　小学校においては，必要がある場合には，一部の各教科について，これらを合わせて授業を行うことができる。

第54条　児童が心身の状況によつて履修することが困難な各教科は，その児童の心身の状況に適するように課さなければならない。

第55条　小学校の教育課程に関し，その改善に資する研究を行うため特に必要があり，かつ，児童の教育上適切な配慮がなされていると文部科学大臣が認める場合においては，文部科学大臣が別に定めるところにより，第50条第1項，第51条(中学校連携型小学校にあつては第52条の3，第79条の9第2項に規定する中学校併設型小学校にあつては第79条の12において準用する第79条の5第1項)又は第52条の規定によらないことができる。

第55条の2　文部科学大臣が，小学校において，当該

小学校又は当該小学校が設置されている地域の実態に照らし，より効果的な教育を実施するため，当該小学校は当該地域の特色を生かした特別の教育課程を編成して教育を実施する必要があり，かつ，当該特別の教育課程について，教育基本法（平成18年法律第120号）及び学校教育法第30条第1項の規定等に照らして適切であり，児童の教育上適切な配慮がなされているものとして文部科学大臣が定める基準を満たしていると認める場合においては，文部科学大臣が別に定めるところにより，第50条第1項，第51条（中学校連携型小学校にあつては第52条の3，第79条の9第2項に規定する中学校併設型小学校にあつては第79条の12において準用する第79条の5第1項）又は第52条の規定の全部又は一部によらないことができる。

第56条　小学校において，学校生活への適応が困難であるため相当の期間小学校を欠席し引き続き欠席すると認められる児童を対象として，その実態に配慮した特別の教育課程を編成して教育を実施する必要があると文部科学大臣が認める場合においては，文部科学大臣が別に定めるところにより，第50条第1項，第51条（中学校連携型小学校にあつては第52条の3，第79条の9第2項に規定する中学校併設型小学校にあつては第79条の12において準用する第79条の5第1項）又は第52条の規定によらないことができる。

第56条の2　小学校において，日本語に通じない児童のうち，当該児童の日本語を理解し，使用する能力に応じた特別の指導を行う必要があるものを教育する場合には，文部科学大臣が別に定めるところにより，第50条第1項，第51条（中学校連携型小学校にあつては第52条の3，第79条の9第2項に規定する中学校併設型小学校にあつては第79条の12において準用する第79条の5第1項）及び第52条の規定にかかわらず，特別の教育課程によることができる。

第56条の3　前条の規定により特別の教育課程による場合においては，校長は，児童が設置者の定めるところにより他の小学校，義務教育学校の前期課程又は特別支援学校の小学部において受けた授業を，当該児童の在学する小学校において受けた当該特別の教育課程に係る授業とみなすことができる。

第56条の4　小学校において，学齢を経過した者のうち，その者の年齢，経験又は勤労の状況その他の実情に応じた特別の指導を行う必要があるものを夜間その他特別の時間において教育する場合には，文部科学大臣が別に定めるところにより，第50条第1項，第51条（中学校連携型小学校にあつては第52条の3，第79条の9第2項に規定する中学校併設型小学校にあつては第79条の12において準用する第79条の5第1項）及び第52条の規定にかかわらず，特別の教育課程によることができる。

第57条　小学校において，各学年の課程の修了又は卒業を認めるに当たつては，児童の平素の成績を評価して，これを定めなければならない。

第58条　校長は，小学校の全課程を修了したと認めた者には，卒業証書を授与しなければならない。

第3節　学年及び授業日

第59条　小学校の学年は，4月1日に始まり，翌年3月31日に終わる。

第60条　授業終始の時刻は，校長が定める。

第61条　公立小学校における休業日は，次のとおりとする。ただし，第三号に掲げる日を除き，当該学校を設置する地方公共団体の教育委員会が必要と認める場合は，この限りでない。

一　国民の祝日に関する法律（昭和23年法律第179-8号）に規定する日
二　日曜日及び土曜日
三　学校教育法施行令第29条の規定により教育委員会が定める日

第62条　私立小学校における学期及び休業日は，当該学校の学則で定める。

第63条　非常災害その他急迫の事情があるときは，校長は，臨時に授業を行わないことができる。この場合において，公立小学校についてはこの旨を当該学校を設置する地方公共団体の教育委員会に報告しなければならない。

第8章　特別支援教育

第118条　特別支援学校の設置基準及び特別支援学級の設備編制は，この章に規定するもののほか，別に定める。

第119条　特別支援学校においては，学校教育法第72条に規定する者に対する教育のうち当該特別支援学校が行うものを学則その他の設置者の定める規則（次項において「学則等」という。）で定めるとともに，これについて保護者等に対して積極的に情報を提供するものとする。

2　前項の学則等を定めるに当たつては，当該特別支援学校の施設及び設備等の状況並びに当該特別支援学校の所在する地域における障害のある児童等の状況について考慮しなければならない。

第120条　特別支援学校の幼稚部において，主幹教諭，指導教諭又は教諭（以下「教諭等」という。）一人の保育する幼児数は，八人以下を標準とする。

2　特別支援学校の小学部又は中学部の一学級の児童又は生徒の数は，法令に特別の定めのある場合を除き，視覚障害者又は聴覚障害者である児童又は生徒に対する教育を行う学級にあつては十人以下を，知的障害者，肢体不自由者又は病弱者（身体虚弱者を含む。以下同じ。）である児童又は生徒に対する教

育を行う学級にあつては十五人以下を標準とし，高等部の同時に授業を受ける一学級の生徒数は，十五人以下を標準とする。
第121条　特別支援学校の小学部，中学部又は高等部の学級は，同学年の児童又は生徒で編制するものとする。ただし，特別の事情がある場合においては，数学年の児童又は生徒を一学級に編制することができる。
2　特別支援学校の幼稚部における保育は，特別の事情のある場合を除いては，視覚障害者，聴覚障害者，知的障害者，肢体不自由者及び病弱者の別ごとに行うものとする。
3　特別支援学校の小学部，中学部又は高等部の学級は，特別の事情のある場合を除いては，視覚障害者，聴覚障害者，知的障害者，肢体不自由者又は病弱者の別ごとに編制するものとする。
第122条　特別支援学校の幼稚部においては，同時に保育される幼児数八人につき教諭等を一人置くことを基準とする。
2　特別支援学校の小学部においては，校長のほか，一学級当たり教諭等を一人以上置かなければならない。
3　特別支援学校の中学部においては，一学級当たり教諭等を二人置くことを基準とする。
4　視覚障害者である生徒及び聴覚障害者である生徒に対する教育を行う特別支援学校の高等部においては，自立教科（理療，理学療法，理容その他の職業についての知識技能の修得に関する教科をいう。）を担任するため，必要な数の教員を置かなければならない。
5　前4項の場合において，特別の事情があり，かつ，教育上支障がないときは，校長，副校長若しくは教頭が教諭等を兼ね，又は助教諭若しくは講師をもつて教諭等に代えることができる。
第123条　寄宿舎指導員の数は，寄宿舎に寄宿する児童等の数を六で除して得た数以上を標準とする。
第124条　寄宿舎を設ける特別支援学校には，寮務主任及び舎監を置かなければならない。
2　前項の規定にかかわらず，第四項に規定する寮務主任の担当する寮務を整理する主幹教諭を置くときその他特別の事情のあるときは寮務主任を，第五項に規定する舎監の担当する寮務を整理する主幹教諭を置くときは舎監を，それぞれ置かないことができる。
3　寮務主任及び舎監は，指導教諭又は教諭をもつて，これに充てる。
4　寮務主任は，校長の監督を受け，寮務に関する事項について連絡調整及び指導，助言に当たる。
5　舎監は，校長の監督を受け，寄宿舎の管理及び寄宿舎における児童等の教育に当たる。

第125条　特別支援学校には，各部に主事を置くことができる。
2　主事は，その部に属する教諭等をもつて，これに充てる。校長の監督を受け，部に関する校務をつかさどる。
第126条　特別支援学校の小学部の教育課程は，国語，社会，算数，理科，生活，音楽，図画工作，家庭及び体育の各教科，道徳，外国語活動，総合的な学習の時間，特別活動並びに自立活動によつて編成するものとする。
2　前項の規定にかかわらず，知的障害者である児童を教育する場合は，生活，国語，算数，音楽，図画工作及び体育の各教科，道徳，特別活動並びに自立活動によつて教育課程を編成するものとする。
第127条　特別支援学校の中学部の教育課程は，国語，社会，数学，理科，音楽，美術，保健体育，技術・家庭及び外国語の各教科，道徳，総合的な学習の時間，特別活動並びに自立活動によつて編成するものとする。
2　前項の規定にかかわらず，知的障害者である生徒を教育する場合は，国語，社会，数学，理科，音楽，美術，保健体育及び職業・家庭の各教科，道徳，総合的な学習の時間，特別活動並びに自立活動によつて教育課程を編成するものとする。ただし，必要がある場合には，外国語科を加えて教育課程を編成することができる。
第128条　特別支援学校の高等部の教育課程は，別表第3及び別表第5に定める各教科に属する科目，総合的な学習の時間，特別活動並びに自立活動によつて編成するものとする。
2　前項の規定にかかわらず，知的障害者である生徒を教育する場合は，国語，社会，数学，理科，音楽，美術，保健体育，職業，家庭，外国語，情報，家政，農業，工業，流通・サービス又は福祉の各教科，第129条に規定する特別支援学校高等部学習指導要領で定めるこれら以外の教科，道徳，総合的な学習の時間，特別活動並びに自立活動によつて教育課程を編成するものとする。
第129条　特別支援学校の幼稚部の教育課程その他の保育内容並びに小学部，中学部及び高等部の教育課程については，この章に定めるもののほか，教育課程その他の保育内容又は教育課程の基準として文部科学大臣が別に公示する特別支援学校幼稚部教育要領，特別支援学校小学部・中学部学習指導要領及び特別支援学校高等部学習指導要領によるものとする。
第130条　特別支援学校の小学部，中学部又は高等部においては，特に必要がある場合は，第126条から第128条までに規定する各教科（次項において「各教科」という。）又は別表第3及び別表第5に定める各教科に属する科目の全部又は一部について，合

わせて授業を行うことができる。
2 特別支援学校の小学部，中学部又は高等部においては，知的障害者である児童若しくは生徒又は複数の種類の障害を併せ有する児童若しくは生徒を教育する場合において特に必要があるときは，各教科，道徳，外国語活動，特別活動及び自立活動の全部又は一部について，合わせて授業を行うことができる。

第131条 特別支援学校の小学部，中学部又は高等部において，複数の種類の障害を併せ有する児童若しくは生徒を教育する場合又は教員を派遣して教育を行う場合において，特に必要があるときは，第126条から第129条までの規定にかかわらず，特別の教育課程によることができる。
2 前項の規定により特別の教育課程による場合において，文部科学大臣の検定を経た教科用図書又は文部科学省が著作の名義を有する教科用図書を使用することが適当でないときは，当該学校の設置者の定めるところにより，他の適切な教科用図書を使用することができる。

第132条 特別支援学校の小学部，中学部又は高等部の教育課程に関し，その改善に資する研究を行うため特に必要があり，かつ，児童又は生徒の教育上適切な配慮がなされていると文部科学大臣が認める場合においては，文部科学大臣が別に定めるところにより，第126条から第129条までの規定によらないことができる。

第132条の2 文部科学大臣が，特別支援学校の小学部，中学部又は高等部において，当該特別支援学校又は当該特別支援学校が設置されている地域の実態に照らし，より効果的な教育を実施するため，当該特別支援学校又は当該地域の特色を生かした特別の教育課程を編成して教育を実施する必要があり，かつ，当該特別の教育課程について，教育基本法及び学校教育法第72条の規定等に照らして適切であり，児童又は生徒の教育上適切な配慮がなされているものとして文部科学大臣が定める基準を満たしていると認める場合においては，文部科学大臣が別に定めるところにより，第126条から第129条までの規定の一部又は全部によらないことができる。

第132条の3 特別支援学校の小学部又は中学部において，日本語に通じない児童又は生徒のうち，当該児童又は生徒の日本語を理解し，使用する能力に応じた特別の指導を行う必要があるものを教育する場合には，文部科学大臣が別に定めるところにより，第126条，第127条及び第129条の規定にかかわらず，特別の教育課程によることができる。

第132条の4 前条の規定により特別の教育課程による場合においては，校長は，児童又は生徒が設置者の定めるところにより他の小学校，中学校，義務教育学校，中等教育学校の前期課程又は特別支援学校の小学部若しくは中学部において受けた授業を，当該児童又は生徒の在学する特別支援学校の小学部又は中学部において受けた当該特別の教育課程に係る授業とみなすことができる。

第132条の5 特別支援学校の小学部又は中学部において，学齢を経過した者のうち，その者の年齢，経験又は勤労の状況その他の実情に応じた特別の指導を行う必要があるものを夜間その他特別の時間において教育する場合には，文部科学大臣が別に定めるところにより，第126条，第127条及び第129条の規定にかかわらず，特別の教育課程によることができる。

第133条 校長は，生徒の特別支援学校の高等部の全課程の修了を認めるに当たつては，特別支援学校高等部学習指導要領に定めるところにより行うものとする。ただし，第132条又は第132条の2の規定により，特別支援学校の高等部の教育課程に関し第128条及び第129条の規定によらない場合においては，文部科学大臣が別に定めるところにより行うものとする。
2 前項前段の規定により全課程の修了の要件として特別支援学校高等部学習指導要領の定めるところにより校長が定める単位数又は授業時数のうち，第135条第5項において準用する第88条の3に規定する授業の方法によるものは，それぞれ全課程の修了要件として定められた単位数又は授業時数の二分の一に満たないものとする。

第134条 特別支援学校の高等部における通信教育に関する事項は，別に定める。

第135条 第43条から第49条まで（第46条を除く。），第54条，第59条から第63条まで，第65条から第68条まで，第82条及び第100条の3の規定は，特別支援学校に準用する。この場合において，同条中「第104条第1項」とあるのは，「第135条第1項」と読み替えるものとする。
2 第57条，第58条，第64条及び第89条の規定は，特別支援学校の小学部，中学部及び高等部に準用する。
3 第35条，第50条第2項及び第53条の規定は，特別支援学校の小学部に準用する。
4 第35条，第50条第2項，第70条，第71条及び第78条の規定は，特別支援学校の中学部に準用する。
5 第70条，第71条，第81条，第88条の3，第90条第1項から第3項まで，第91条から第95条まで，第97条第1項及び第2項，第98条から第100条の2まで並びに第104条第3項の規定は，特別支援学校の高等部に準用する。この場合において，第97条第1項及び第2項中「他の高等学校又は中等教育学校の後期課程」とあるのは「他の特別支援学校の高等部，高等学校又は中等教育学校の後期課程」と，同条第2項中「当該他の高等学校又は中等教育学校」とあ

るのは「当該他の特別支援学校，高等学校又は中等教育学校」と読み替えるものとする。

第136条　小学校，中学校若しくは義務教育学校又は中等教育学校の前期課程における特別支援学級の一学級の児童又は生徒の数は，法令に特別の定めのある場合を除き，15人以下を標準とする。

第137条　特別支援学級は，特別の事情のある場合を除いては，学校教育法第81条第2項各号に掲げる区分に従つて置くものとする。

第138条　小学校，中学校若しくは義務教育学校又は中等教育学校の前期課程における特別支援学級に係る教育課程については，特に必要がある場合は，第50条第1項（第79条の6第1項において準用する場合を含む。），第51条，第52条（第79条の6第1項において準用する場合を含む。），第52条の3，第72条（第79条の6第2項及び第108条第1項において準用する場合を含む。），第73条，第74条（第79条の6第2項及び第108条第1項において準用する場合を含む。），第74条の三，第76条，第79条の5（第79条の12において準用する場合を含む。）及び第107条（第117条において準用する場合を含む。）の規定にかかわらず，特別の教育課程によることができる。

第139条　前条の規定により特別の教育課程による特別支援学級においては，文部科学大臣の検定を経た教科用図書を使用することが適当でない場合には，当該特別支援学級を置く学校の設置者の定めるところにより，他の適切な教科用図書を使用することができる。

第140条　小学校，中学校若しくは義務教育学校又は中等教育学校の前期課程において，次の各号のいずれかに該当する児童又は生徒（特別支援学級の児童及び生徒を除く。）のうち当該障害に応じた特別の指導を行う必要があるものを教育する場合には，文部科学大臣が別に定めるところにより，第50条第1項（第79条の6第1項において準用する場合を含む。），第51条，第52条（第79条の6第1項において準用する場合を含む。），第52条の3，第72条（第79条の6第2項及び第108条第1項において準用する場合を含む。），第73条，第74条（第79条の6第2項及び第108条第1項において準用する場合を含む。），第74条の3，第76条，第79条の5（第79条の5において準用する場合を含む。）及び第107条（第117条において準用する場合を含む。）の規定にかかわらず，特別の教育課程によることができる。

一　言語障害者
二　自閉症者
三　情緒障害者
四　弱視者
五　難聴者
六　学習障害者
七　注意欠陥多動性障害者
八　その他障害のある者で，この条の規定により特別の教育課程による教育を行うことが適当なもの

第141条　前条の規定により特別の教育課程による場合においては，校長は，児童又は生徒が，当該小学校，中学校，義務教育学校又は中等教育学校の設置者の定めるところにより他の小学校，中学校，義務教育学校，中等教育学校の前期課程又は特別支援学校の小学部若しくは中学部において受けた授業を，当該小学校，中学校若しくは義務教育学校又は中等教育学校の前期課程において受けた当該特別の教育課程に係る授業とみなすことができる。

別表第1　（第51条関係）

区分	各教科の授業時数									特別の教科である道徳の授業時数	外国語活動の授業時数	総合的な学習の時間の授業時数	特別活動の授業時数	総授業時数
	国語	社会	算数	理科	生活	音楽	図画工作	家庭	体育	外国語				
第1学年	306		136		102	68	68		102		34			34	850
第2学年	315		175		105	70	70		105		35			35	910
第3学年	245	70	175	90		60	60		105		35	35	70	35	980
第4学年	245	90	175	105		60	60		105		35	35	70	35	1015
第5学年	175	100	175	105		50	50	60	90	70	35		70	35	1015
第6学年	175	105	175	105		50	50	55	90	70	35		70	35	1015

備考
1　この表の授業時数の1単位時間は，45分とする。
2　特別活動の授業時数は，小学校学習指導要領で定める学級活動（学校給食に係るものを除く。）に充てるものとする。
3　第50条第2項の場合において，特別の教科である道徳のほかに宗教を加えるときは，宗教の授業時数をもつてこの表の特別の教科である道徳の授業時数の一部に代えることができる。

資料6　小学校学習指導要領（抄）
(平成29年3月)

第1章　総則

第1　小学校教育の基本と教育課程の役割

1　各学校においては，教育基本法及び学校教育法その他の法令並びにこの章以下に示すところに従い，児童の人間として調和のとれた育成を目指し，児童の心身の発達の段階や特性及び学校や地域の実態を十分考慮して，適切な教育課程を編成するものとし，これらに掲げる目標を達成するよう教育を行うものとする。

2　学校の教育活動を進めるに当たっては，各学校において，第3の1に示す主体的・対話的で深い学びの実現に向けた授業改善を通して，創意工夫を生かした特色ある教育活動を展開する中で，次の(1)から(3)までに掲げる事項の実現を図り，児童に生きる力を育むことを目指すものとする。

(1)　基礎的・基本的な知識及び技能を確実に習得させ，これらを活用して課題を解決するために必要な思考力，判断力，表現力等を育むとともに，主体的に学習に取り組む態度を養い，個性を生かし多様な人々との協働を促す教育の充実に努めること。その際，児童の発達の段階を考慮して，児童の言語活動など，学習の基盤をつくる活動を充実するとともに，家庭との連携を図りながら，児童の学習習慣が確立するよう配慮すること。

(2)　道徳教育や体験活動，多様な表現や鑑賞の活動等を通して，豊かな心や創造性の涵養を目指した教育の充実に努めること。

学校における道徳教育は，特別の教科である道徳（以下「道徳科」という。）を要として学校の教育活動全体を通じて行うものであり，道徳科はもとより，各教科，外国語活動，総合的な学習の時間及び特別活動のそれぞれの特質に応じて，児童の発達の段階を考慮して，適切な指導を行うこと。

道徳教育は，教育基本法及び学校教育法に定められた教育の根本精神に基づき，自己の生き方を考え，主体的な判断の下に行動し，自立した人間として他者と共によりよく生きるための基盤となる道徳性を養うことを目標とすること。

道徳教育を進めるに当たっては，人間尊重の精神と生命に対する畏敬の念を家庭，学校，その他社会における具体的な生活の中に生かし，豊かな心をもち，伝統と文化を尊重し，それらを育んできた我が国と郷土を愛し，個性豊かな文化の創造を図るとともに，平和で民主的な国家及び社会の形成者として，公共の精神を尊び，社会及び国家の発展に努め，他国を尊重し，国際社会の平和と発展や環境の保全に貢献し未来を拓く主体性のある日本人の育成に資することとなるよう特に留意すること。

(3)　学校における体育・健康に関する指導を，児童の発達の段階を考慮して，学校の教育活動全体を通じて適切に行うことにより，健康で安全な生活と豊かなスポーツライフの実現を目指した教育の充実に努めること。特に，学校における食育の推進並びに体力の向上に関する指導，安全に関する指導及び心身の健康の保持増進に関する指導については，体育科，家庭科及び特別活動の時間はもとより，各教科，道徳科，外国語活動及び総合的な学習の時間などにおいてもそれぞれの特質に応じて適切に行うよう努めること。また，それらの指導を通して，家庭や地域社会との連携を図りながら，日常生活において適切な体育・健康に関する活動の実践を促し，生涯を通じて健康・安全で活力ある生活を送るための基礎が培われるよう配慮すること。

3　2の(1)から(3)までに掲げる事項の実現を図り，豊かな創造性を備え持続可能な社会の創り手となることが期待される児童に，生きる力を育むことを目指すに当たっては，学校教育全体並びに各教科，道徳科，外国語活動，総合的な学習の時間及び特別活動（以下「各教科等」という。ただし，第2の3の(2)のア及びウにおいて，特別活動については学級活動（学校給食に係るものを除く。）に限る。）の指導を通してどのような資質・能力の育成を目指すのかを明確にしながら，教育活動の充実を図るものとする。その際，児童の発達の段階や特性等を踏まえつつ，次に掲げることが偏りなく実現できるようにするものとする。

(1)　知識及び技能が習得されるようにすること。
(2)　思考力，判断力，表現力等を育成すること。
(3)　学びに向かう力，人間性等を涵養すること。

4　各学校においては，児童や学校，地域の実態を適切に把握し，教育の目的や目標の実現に必要な教育の内容等を教科等横断的な視点で組み立てていくこと，教育課程の実施状況を評価してその改善を図っていくこと，教育課程の実施に必要な人的又は物的な体制を確保するとともにその改善を図っていくことなどを通して，教育課程に基づき組織的かつ計画的に各学校の教育活動の質の向上を図っていくこと（以下「カリキュラム・マネジメント」という。）に努めるものとする。

第2 教育課程の編成
1 各学校の教育目標と教育課程の編成
　　教育課程の編成に当たっては，学校教育全体や各教科等における指導を通して育成を目指す資質・能力を踏まえつつ，各学校の教育目標を明確にするとともに，教育課程の編成についての基本的な方針が家庭や地域とも共有されるよう努めるものとする。その際，第5章総合的な学習の時間の第2の1に基づき定められる目標との関連を図るものとする。
2 教科等横断的な視点に立った資質・能力の育成
　(1) 各学校においては，児童の発達の段階を考慮し，言語能力，情報活用能力（情報モラルを含む。），問題発見・解決能力等の学習の基盤となる資質・能力を育成していくことができるよう，各教科等の特質を生かし，教科等横断的な視点から教育課程の編成を図るものとする。
　(2) 各学校においては，児童や学校，地域の実態及び児童の発達の段階を考慮し，豊かな人生の実現や災害等を乗り越えて次代の社会を形成することに向けた現代的な諸課題に対応して求められる資質・能力を，教科等横断的な視点で育成していくことができるよう，各学校の特色を生かした教育課程の編成を図るものとする。
3 教育課程の編成における共通的事項
　(1) 内容等の取扱い
　　ア 第2章以下に示す各教科，道徳科，外国語活動及び特別活動の内容に関する事項は，特に示す場合を除き，いずれの学校においても取り扱わなければならない。
　　イ 学校において特に必要がある場合には，第2章以下に示していない内容を加えて指導することができる。また，第2章以下に示す内容の取扱いのうち内容の範囲や程度を示す事項は，全ての児童に対して指導するものとする内容の範囲や程度等を示したものであり，学校において特に必要がある場合には，この事項にかかわらず加えて指導することができる。ただし，これらの場合には，第2章以下に示す各教科，道徳科，外国語活動及び特別活動の目標や内容の趣旨を逸脱したり，児童の負担過重となったりすることのないようにしなければならない。
　　ウ 第2章以下に示す各教科，道徳科，外国語活動及び特別活動の内容に掲げる事項の順序は，特に示す場合を除き，指導の順序を示すものではないので，学校においては，その取扱いについて適切な工夫を加えるものとする。
　　エ 学年の内容を2学年まとめて示した教科及び外国語活動の内容は，2学年間かけて指導する事項を示したものである。各学校においては，これらの事項を児童や学校，地域の実態に応じ，2学年間を見通して計画的に指導することとし，特に示す場合を除き，いずれかの学年に分けて，又はいずれの学年においても指導するものとする。
　　オ 学校において2以上の学年の児童で編制する学級について特に必要がある場合には，各教科及び道徳科の目標の達成に支障のない範囲内で，各教科及び道徳科の目標及び内容について学年別の順序によらないことができる。
　　カ 道徳科を要として学校の教育活動全体を通じて行う道徳教育の内容は，第3章特別の教科道徳の第2に示す内容とし，その実施に当たっては，第6に示す道徳教育に関する配慮事項を踏まえるものとする。
　(2) 授業時数等の取扱い
　　ア 各教科等の授業は，年間35週（第1学年については34週）以上にわたって行うよう計画し，週当たりの授業時数が児童の負担過重にならないようにするものとする。ただし，各教科等や学習活動の特質に応じ効果的な場合には，夏季，冬季，学年末等の休業日の期間に授業日を設定する場合を含め，これらの授業を特定の期間に行うことができる。
　　イ 特別活動の授業のうち，児童会活動，クラブ活動及び学校行事については，それらの内容に応じ，年間，学期ごと，月ごとなどに適切な授業時数を充てるものとする。
　　ウ 各学校の時間割については，次の事項を踏まえ適切に編成するものとする。
　　　(ア) 各教科等のそれぞれの授業の1単位時間は，各学校において，各教科等の年間授業時数を確保しつつ，児童の発達の段階及び各教科等や学習活動の特質を考慮して適切に定めること。
　　　(イ) 各教科等の特質に応じ，10分から15分程度の短い時間を活用して特定の教科等の指導を行う場合において，教師が，単元や題材など内容や時間のまとまりを見通した中で，その指導内容の決定や指導の成果の把握と活用等を責任を持って行う体制が整備されているときは，その時間を当該教科等の年間授業時数に含めることができること。
　　　(ウ) 給食，休憩などの時間については，各学校において工夫を加え，適切に定めること。
　　　(エ) 各学校において，児童や学校，地域の実態，各教科等や学習活動の特質等に応じて，創意工夫を生かした時間割を弾力的に編成できること。

エ　総合的な学習の時間における学習活動により，特別活動の学校行事に掲げる各行事の実施と同様の成果が期待できる場合においては，総合的な学習の時間における学習活動をもって相当する特別活動の学校行事に掲げる各行事の実施に替えることができる。
　(3) 指導計画の作成等に当たっての配慮事項
　　各学校においては，次の事項に配慮しながら，学校の創意工夫を生かし，全体として，調和のとれた具体的な指導計画を作成するものとする。
　　ア　各教科等の指導内容については，(1)のアを踏まえつつ，単元や題材など内容や時間のまとまりを見通しながら，そのまとめ方や重点の置き方に適切な工夫を加え，第3の1に示す主体的・対話的で深い学びの実現に向けた授業改善を通して資質・能力を育む効果的な指導ができるようにすること。
　　イ　各教科等及び各学年相互間の関連を図り，系統的，発展的な指導ができるようにすること。
　　ウ　学年の内容を2学年まとめて示した教科及び外国語活動については，当該学年間を見通して，児童や学校，地域の実態に応じ，児童の発達の段階を考慮しつつ，効果的，段階的に指導するようにすること。
　　エ　児童の実態等を考慮し，指導の効果を高めるため，児童の発達の段階や指導内容の関連性等を踏まえつつ，合科的・関連的な指導を進めること。
4　学校段階等間の接続
　　教育課程の編成に当たっては，次の事項に配慮しながら，学校段階等間の接続を図るものとする。
　(1) 幼児期の終わりまでに育ってほしい姿を踏まえた指導を工夫することにより，幼稚園教育要領等に基づく幼児期の教育を通して育まれた資質・能力を踏まえて教育活動を実施し，児童が主体的に自己を発揮しながら学びに向かうことが可能となるようにすること。
　　　また，低学年における教育全体において，例えば生活科において育成する自立し生活を豊かにしていくための資質・能力が，他教科等での学習においても生かされるようにするなど，教科等間の関連を積極的に図り，幼児期の教育及び中学年以降の教育との円滑な接続が図られるよう工夫すること。特に，小学校入学当初においては，幼児期において自発的な活動としての遊びを通して育まれてきたことが，各教科等における学習に円滑に接続されるよう，生活科を中心に，合科的・関連的な指導や弾力的な時間割の設定など，指導の工夫や指導計画の作成を行うこと。
　(2) 中学校学習指導要領及び高等学校学習指導要領を踏まえ，中学校教育及びその後の教育との円滑な接続が図られるよう工夫すること。特に，義務教育学校，中学校連携型小学校及び中学校併設型小学校においては，義務教育9年間を見通した計画的かつ継続的な教育課程を編成すること。

第3　教育課程の実施と学習評価

1　主体的・対話的で深い学びの実現に向けた授業改善
　　各教科等の指導に当たっては，次の事項に配慮するものとする。
　(1) 第1の3の(1)から(3)までに示すことが偏りなく実現されるよう，単元や題材など内容や時間のまとまりを見通しながら，児童の主体的・対話的で深い学びの実現に向けた授業改善を行うこと。
　　　特に，各教科等において身に付けた知識及び技能を活用したり，思考力，判断力，表現力等や学びに向かう力，人間性等を発揮させたりして，学習の対象となる物事を捉え思考することにより，各教科等の特質に応じた物事を捉える視点や考え方（以下「見方・考え方」という。）が鍛えられていくことに留意し，児童が各教科等の特質に応じた見方・考え方を働かせながら，知識を相互に関連付けてより深く理解したり，情報を精査して考えを形成したり，問題を見いだして解決策を考えたり，思いや考えを基に創造したりすることに向かう過程を重視した学習の充実を図ること。
　(2) 第2の2の(1)に示す言語能力の育成を図るため，各学校において必要な言語環境を整えるとともに，国語科を要としつつ各教科等の特質に応じて，児童の言語活動を充実すること。あわせて，(7)に示すとおり読書活動を充実すること。
　(3) 第2の2の(1)に示す情報活用能力の育成を図るため，各学校において，コンピュータや情報通信ネットワークなどの情報手段を活用するために必要な環境を整え，これらを適切に活用した学習活動の充実を図ること。また，各種の統計資料や新聞，視聴覚教材や教育機器などの教材・教具の適切な活用を図ること。
　　　あわせて，各教科等の特質に応じて，次の学習活動を計画的に実施すること。
　　ア　児童がコンピュータで文字を入力するなどの学習の基盤として必要となる情報手段の基本的な操作を習得するための学習活動
　　イ　児童がプログラミングを体験しながら，コ

ンピュータに意図した処理を行わせるために必要な論理的思考力を身に付けるための学習活動
 (4) 児童が学習の見通しを立てたり学習したことを振り返ったりする活動を,計画的に取り入れるように工夫すること。
 (5) 児童が生命の有限性や自然の大切さ,主体的に挑戦してみることや多様な他者と協働することの重要性などを実感しながら理解することができる,各教科等の特質に応じた体験活動を重視し,家庭や地域社会と連携しつつ体系的・継続的に実施できるよう工夫すること。
 (6) 児童が自ら学習課題や学習活動を選択する機会を設けるなど,児童の興味・関心を生かした自主的,自発的な学習が促されるよう工夫すること。
 (7) 学校図書館を計画的に利用しその機能の活用を図り,児童の主体的・対話的で深い学びの実現に向けた授業改善に生かすとともに,児童の自主的,自発的な学習活動や読書活動を充実すること。また,地域の図書館や博物館,美術館,劇場,音楽堂等の施設の活用を積極的に図り,資料を活用した情報の収集や鑑賞等の学習活動を充実すること。
 2 学習評価の充実
　学習評価の実施に当たっては,次の事項に配慮するものとする。
 (1) 児童のよい点や進歩の状況などを積極的に評価し,学習したことの意義や価値を実感できるようにすること。また,各教科等の目標の実現に向けた学習状況を把握する観点から,単元や題材など内容や時間のまとまりを見通しながら評価の場面や方法を工夫して,学習の過程や成果を評価し,指導の改善や学習意欲の向上を図り,資質・能力の育成に生かすようにすること。
 (2) 創意工夫の中で学習評価の妥当性や信頼性が高められるよう,組織的かつ計画的な取組を推進するとともに,学年や学校段階を越えて児童の学習の成果が円滑に接続されるように工夫すること。

第4 児童の発達の支援
 1 児童の発達を支える指導の充実
　教育課程の編成及び実施に当たっては,次の事項に配慮するものとする。
 (1) 学習や生活の基盤として,教師と児童との信頼関係及び児童相互のよりよい人間関係を育てるため,日頃から学級経営の充実を図ること。また,主に集団の場面で必要な指導や援助を行うガイダンスと,個々の児童の多様な実態を踏まえ,一人一人が抱える課題に個別に対応した指導を行うカウンセリングの双方により,児童の発達を支援すること。
　あわせて,小学校の低学年,中学年,高学年の学年の時期の特長を生かした指導の工夫を行うこと。
 (2) 児童が,自己の存在感を実感しながら,よりよい人間関係を形成し,有意義で充実した学校生活を送る中で,現在及び将来における自己実現を図っていくことができるよう,児童理解を深め,学習指導と関連付けながら,生徒指導の充実を図ること。
 (3) 児童が,学ぶことと自己の将来とのつながりを見通しながら,社会的・職業的自立に向けて必要な基盤となる資質・能力を身に付けていくことができるよう,特別活動を要としつつ各教科等の特質に応じて,キャリア教育の充実を図ること。
 (4) 児童が,基礎的・基本的な知識及び技能の習得も含め,学習内容を確実に身に付けることができるよう,児童や学校の実態に応じ,個別学習やグループ別学習,繰り返し学習,学習内容の習熟の程度に応じた学習,児童の興味・関心等に応じた課題学習,補充的な学習や発展的な学習などの学習活動を取り入れることや,教師間の協力による指導体制を確保することなど,指導方法や指導体制の工夫改善により,個に応じた指導の充実を図ること。その際,第3の1の(3)に示す情報手段や教材・教具の活用を図ること。
 2 特別な配慮を必要とする児童への指導
 (1) 障害のある児童などへの指導
　ア 障害のある児童などについては,特別支援学校等の助言又は援助を活用しつつ,個々の児童の障害の状態等に応じた指導内容や指導方法の工夫を組織的かつ計画的に行うものとする。
　イ 特別支援学級において実施する特別の教育課程については,次のとおり編成するものとする。
　　(ア) 障害による学習上又は生活上の困難を克服し自立を図るため,特別支援学校小学部・中学部学習指導要領第7章に示す自立活動を取り入れること。
　　(イ) 児童の障害の程度や学級の実態等を考慮の上,各教科の目標や内容を下学年の教科の目標や内容に替えたり,各教科を,知的障害者である児童に対する教育を行う特別支援学校の各教科に替えたりするなどして,実態に応じた教育課程を編成すること。

ウ　障害のある児童に対して、通級による指導を行い、特別の教育課程を編成する場合には、特別支援学校小学部・中学部学習指導要領第7章に示す自立活動の内容を参考とし、具体的な目標や内容を定め、指導を行うものとする。その際、効果的な指導が行われるよう、各教科等と通級による指導との関連を図るなど、教師間の連携に努めるものとする。

エ　障害のある児童などについては、家庭、地域及び医療や福祉、保健、労働等の業務を行う関係機関との連携を図り、長期的な視点で児童への教育的支援を行うために、個別の教育支援計画を作成し活用することに努めるとともに、各教科等の指導に当たって、個々の児童の実態を的確に把握し、個別の指導計画を作成し活用することに努めるものとする。特に、特別支援学級に在籍する児童や通級による指導を受ける児童については、個々の児童の実態を的確に把握し、個別の教育支援計画や個別の指導計画を作成し、効果的に活用するものとする。

(2) 海外から帰国した児童などの学校生活への適応や、日本語の習得に困難のある児童に対する日本語指導

ア　海外から帰国した児童などについては、学校生活への適応を図るとともに、外国における生活経験を生かすなどの適切な指導を行うものとする。

イ　日本語の習得に困難のある児童については、個々の児童の実態に応じた指導内容や指導方法の工夫を組織的かつ計画的に行うものとする。特に、通級による日本語指導については、教師間の連携に努め、指導についての計画を個別に作成することなどにより、効果的な指導に努めるものとする。

(3) 不登校児童への配慮

ア　不登校児童については、保護者や関係機関と連携を図り、心理や福祉の専門家の助言又は援助を得ながら、社会的自立を目指す観点から、個々の児童の実態に応じた情報の提供その他の必要な支援を行うものとする。

イ　相当の期間小学校を欠席し引き続き欠席すると認められる児童を対象として、文部科学大臣が認める特別の教育課程を編成する場合には、児童の実態に配慮した教育課程を編成するとともに、個別学習やグループ別学習など指導方法や指導体制の工夫改善に努めるものとする。

第5　学校運営上の留意事項

1　教育課程の改善と学校評価等

ア　各学校においては、校長の方針の下に、校務分掌に基づき教職員が適切に役割を分担しつつ、相互に連携しながら、各学校の特色を生かしたカリキュラム・マネジメントを行うよう努めるものとする。また、各学校が行う学校評価については、教育課程の編成、実施、改善が教育活動や学校運営の中核となることを踏まえ、カリキュラム・マネジメントと関連付けながら実施するよう留意するものとする。

イ　教育課程の編成及び実施に当たっては、学校保健計画、学校安全計画、食に関する指導の全体計画、いじめの防止等のための対策に関する基本的な方針など、各分野における学校の全体計画等と関連付けながら、効果的な指導が行われるように留意するものとする。

2　家庭や地域社会との連携及び協働と学校間の連携

教育課程の編成及び実施に当たっては、次の事項に配慮するものとする。

ア　学校がその目的を達成するため、学校や地域の実態等に応じ、教育活動の実施に必要な人的又は物的な体制を家庭や地域の人々の協力を得ながら整えるなど、家庭や地域社会との連携及び協働を深めること。また、高齢者や異年齢の子供など、地域における世代を越えた交流の機会を設けること。

イ　他の小学校や、幼稚園、認定こども園、保育所、中学校、高等学校、特別支援学校などとの間の連携や交流を図るとともに、障害のある幼児児童生徒との交流及び共同学習の機会を設け、共に尊重し合いながら協働して生活していく態度を育むようにすること。

第6　道徳教育に関する配慮事項

道徳教育を進めるに当たっては、道徳教育の特質を踏まえ、前項までに示す事項に加え、次の事項に配慮するものとする。

1　各学校においては、第1の2の(2)に示す道徳教育の目標を踏まえ、道徳教育の全体計画を作成し、校長の方針の下に、道徳教育の推進を主に担当する教師（以下「道徳教育推進教師」という）を中心に、全教師が協力して道徳教育を展開すること。なお、道徳教育の全体計画の作成に当たっては、児童や学校、地域の実態を考慮して、学校の道徳教育の重点目標を設定するとともに、道徳科の指導方針、第3章特別の教科道徳の第2に示す内容との関連を踏まえた各教科、外国語活動、総合的な学習の時間及び特別活動における指導の内容及

び時期並びに家庭や地域社会との連携の方法を示すこと。
2　各学校においては，児童の発達の段階や特性等を踏まえ，指導内容の重点化を図ること。その際，各学年を通じて，自立心や自律性，生命を尊重する心や他者を思いやる心を育てることに留意すること。また，各学年段階においては，次の事項に留意すること。
(1)　第1学年及び第2学年においては，挨拶などの基本的な生活習慣を身に付けること，善悪を判断し，してはならないことをしないこと，社会生活上のきまりを守ること。
(2)　第3学年及び第4学年においては，善悪を判断し，正しいと判断したことを行うこと，身近な人々と協力し助け合うこと，集団や社会のきまりを守ること。
(3)　第5学年及び第6学年においては，相手の考え方や立場を理解して支え合うこと，法やきまりの意義を理解して進んで守ること，集団生活の充実に努めること，伝統と文化を尊重し，それらを育んできた我が国と郷土を愛するとともに，他国を尊重すること。
3　学校や学級内の人間関係や環境を整えるとともに，集団宿泊活動やボランティア活動，自然体験活動，地域の行事への参加などの豊かな体験を充実すること。また，道徳教育の指導内容が，児童の日常生活に生かされるようにすること。その際，いじめの防止や安全の確保等にも資することとなるよう留意すること。
4　学校の道徳教育の全体計画や道徳教育に関する諸活動などの情報を積極的に公表したり，道徳教育の充実のために家庭や地域の人々の積極的な参加や協力を得たりするなど，家庭や地域社会との共通理解を深め，相互の連携を図ること。

第3章　特別の教科　道徳

第1　目標

第1章総則の第1の2の(2)に示す道徳教育の目標に基づき，よりよく生きるための基盤となる道徳性を養うため，道徳的諸価値についての理解を基に，自己を見つめ，物事を多面的・多角的に考え，自己の生き方についての考えを深める学習を通して，道徳的な判断力，心情，実践意欲と態度を育てる。

第2　内容

学校の教育活動全体を通じて行う道徳教育の要である道徳科においては，以下に示す項目について扱う。

A　主として自分自身に関すること
［善悪の判断，自律，自由と責任］
〔第1学年及び第2学年〕
　よいことと悪いこととの区別をし，よいと思うことを進んで行うこと。
〔第3学年及び第4学年〕
　正しいと判断したことは，自信をもって行うこと。
〔第5学年及び第6学年〕
　自由を大切にし，自律的に判断し，責任のある行動をすること。
［正直，誠実］
〔第1学年及び第2学年〕
　うそをついたりごまかしをしたりしないで，素直に伸び伸びと生活すること。
〔第3学年及び第4学年〕
　過ちは素直に改め，正直に明るい心で生活すること。
〔第5学年及び第6学年〕
　誠実に，明るい心で生活すること。
［節度，節制］
〔第1学年及び第2学年〕
　健康や安全に気を付け，物や金銭を大切にし，身の回りを整え，わがままをしないで，規則正しい生活をすること。
〔第3学年及び第4学年〕
　自分でできることは自分でやり，安全に気を付け，よく考えて行動し，節度のある生活をすること。
〔第5学年及び第6学年〕
　安全に気を付けることや，生活習慣の大切さについて理解し，自分の生活を見直し，節度を守り節制に心掛けること。
［個性の伸長］
〔第1学年及び第2学年〕
　自分の特徴に気付くこと。
〔第3学年及び第4学年〕
　自分の特徴に気付き，長所を伸ばすこと。
〔第5学年及び第6学年〕
　自分の特徴を知って，短所を改め長所を伸ばすこと。
［希望と勇気，努力と強い意志］
〔第1学年及び第2学年〕
　自分のやるべき勉強や仕事をしっかりと行うこと。
〔第3学年及び第4学年〕
　自分でやろうと決めた目標に向かって，強い意志をもち，粘り強くやり抜くこと。
〔第5学年及び第6学年〕
　より高い目標を立て，希望と勇気をもち，困難

があってもくじけずに努力して物事をやり抜くこと。
［真理の探究］
〔第5学年及び第6学年〕
真理を大切にし，物事を探究しようとする心をもつこと。
B 主として人との関わりに関すること
［親切，思いやり］
〔第1学年及び第2学年〕
身近にいる人に温かい心で接し，親切にすること。
〔第3学年及び第4学年〕
相手のことを思いやり，進んで親切にすること。
〔第5学年及び第6学年〕
誰に対しても思いやりの心をもち，相手の立場に立って親切にすること。
［感謝］
〔第1学年及び第2学年〕
家族など日頃世話になっている人々に感謝すること。
〔第3学年及び第4学年〕
家族など生活を支えてくれている人々や現在の生活を築いてくれた高齢者に，尊敬と感謝の気持ちをもって接すること。
〔第5学年及び第6学年〕
日々の生活が家族や過去からの多くの人々の支え合いや助け合いで成り立っていることに感謝し，それに応えること。
［礼儀］
〔第1学年及び第2学年〕
気持ちのよい挨拶，言葉遣い，動作などに心掛けて，明るく接すること。
〔第3学年及び第4学年〕
礼儀の大切さを知り，誰に対しても真心をもって接すること。
〔第5学年及び第6学年〕
時と場をわきまえて，礼儀正しく真心をもって接すること。
［友情，信頼］
〔第1学年及び第2学年〕
友達と仲よくし，助け合うこと。
〔第3学年及び第4学年〕
友達と互いに理解し，信頼し，助け合うこと。
〔第5学年及び第6学年〕
友達と互いに信頼し，学び合って友情を深め，異性についても理解しながら，人間関係を築いていくこと。
［相互理解，寛容］
〔第3学年及び第4学年〕
自分の考えや意見を相手に伝えるとともに，相手のことを理解し，自分と異なる意見も大切にすること。
〔第5学年及び第6学年〕
自分の考えや意見を相手に伝えるとともに，謙虚な心をもち，広い心で自分と異なる意見や立場を尊重すること。
C 主として集団や社会との関わりに関すること
［規則の尊重］
〔第1学年及び第2学年〕
約束やきまりを守り，みんなが使う物を大切にすること。
〔第3学年及び第4学年〕
約束や社会のきまりの意義を理解し，それらを守ること。
〔第5学年及び第6学年〕
法やきまりの意義を理解した上で進んでそれらを守り，自他の権利を大切にし，義務を果たすこと。
［公正，公平，社会正義］
〔第1学年及び第2学年〕
自分の好き嫌いにとらわれないで接すること。
〔第3学年及び第4学年〕
誰に対しても分け隔てをせず，公正，公平な態度で接すること。
〔第5学年及び第6学年〕
誰に対しても差別をすることや偏見をもつことなく，公正，公平な態度で接し，正義の実現に努めること。
［勤労，公共の精神］
〔第1学年及び第2学年〕
働くことのよさを知り，みんなのために働くこと。
〔第3学年及び第4学年〕
働くことの大切さを知り，進んでみんなのために働くこと。
〔第5学年及び第6学年〕
働くことや社会に奉仕することの充実感を味わうとともに，その意義を理解し，公共のために役に立つことをすること。
［家族愛，家庭生活の充実］
〔第1学年及び第2学年〕
父母，祖父母を敬愛し，進んで家の手伝いなどをして，家族の役に立つこと。
〔第3学年及び第4学年〕
父母，祖父母を敬愛し，家族みんなで協力し合って楽しい家庭をつくること。
〔第5学年及び第6学年〕
父母，祖父母を敬愛し，家族の幸せを求めて，進んで役に立つことをすること。

［よりよい学校生活，集団生活の充実］
〔第1学年及び第2学年〕
　先生を敬愛し，学校の人々に親しんで，学級や学校の生活を楽しくすること。
〔第3学年及び第4学年〕
　先生や学校の人々を敬愛し，みんなで協力し合って楽しい学級や学校をつくること。
〔第5学年及び第6学年〕
　先生や学校の人々を敬愛し，みんなで協力し合ってよりよい学級や学校をつくるとともに，様々な集団の中での自分の役割を自覚して集団生活の充実に努めること。
［伝統と文化の尊重，国や郷土を愛する態度］
〔第1学年及び第2学年〕
　我が国や郷土の文化と生活に親しみ，愛着をもつこと。
〔第3学年及び第4学年〕
　我が国や郷土の伝統と文化を大切にし，国や郷土を愛する心をもつこと。
〔第5学年及び第6学年〕
　我が国や郷土の伝統と文化を大切にし，先人の努力を知り，国や郷土を愛する心をもつこと。
［国際理解，国際親善］
〔第1学年及び第2学年〕
　他国の人々や文化に親しむこと。
〔第3学年及び第4学年〕
　他国の人々や文化に親しみ，関心をもつこと。
〔第5学年及び第6学年〕
　他国の人々や文化について理解し，日本人としての自覚をもって国際親善に努めること。
D　主として生命や自然，崇高なものとの関わりに関すること
［生命の尊さ］
〔第1学年及び第2学年〕
　生きることのすばらしさを知り，生命を大切にすること。
〔第3学年及び第4学年〕
　生命の尊さを知り，生命あるものを大切にすること。
〔第5学年及び第6学年〕
　生命が多くの生命のつながりの中にあるかけがえのないものであることを理解し，生命を尊重すること。
［自然愛護］
〔第1学年及び第2学年〕
　身近な自然に親しみ，動植物に優しい心で接すること。
〔第3学年及び第4学年〕
　自然のすばらしさや不思議さを感じ取り，自然や動植物を大切にすること。

〔第5学年及び第6学年〕
　自然の偉大さを知り，自然環境を大切にすること。
［感動，畏敬の念］
〔第1学年及び第2学年〕
　美しいものに触れ，すがすがしい心をもつこと。
〔第3学年及び第4学年〕
　美しいものや気高いものに感動する心をもつこと。
〔第5学年及び第6学年〕
　美しいものや気高いものに感動する心や人間の力を超えたものに対する畏敬の念をもつこと。
［よりよく生きる喜び］
〔第5学年及び第6学年〕
　よりよく生きようとする人間の強さや気高さを理解し，人間として生きる喜びを感じること。

第3　指導計画の作成と内容の取扱い
1　各学校においては，道徳教育の全体計画に基づき，各教科，外国語活動，総合的な学習の時間及び特別活動との関連を考慮しながら，道徳科の年間指導計画を作成するものとする。なお，作成に当たっては，第2に示す各学年段階の内容項目について，相当する各学年において全て取り上げることとする。その際，児童や学校の実態に応じ，2学年間を見通した重点的な指導や内容項目間の関連を密にした指導，一つの内容項目を複数の時間で扱う指導を取り入れるなどの工夫を行うものとする。
2　第2の内容の指導に当たっては，次の事項に配慮するものとする。
(1)　校長や教頭などの参加，他の教師との協力的な指導などについて工夫し，道徳教育推進教師を中心とした指導体制を充実すること。
(2)　道徳科が学校の教育活動全体を通じて行う道徳教育の要としての役割を果たすことができるよう，計画的・発展的な指導を行うこと。特に，各教科，外国語活動，総合的な学習の時間及び特別活動における道徳教育としては取り扱う機会が十分でない内容項目に関わる指導を補うことや，児童や学校の実態等を踏まえて指導をより一層深めること，内容項目の相互の関連を捉え直したり発展させたりすることに留意すること。
(3)　児童が自ら道徳性を養う中で，自らを振り返って成長を実感したり，これからの課題や目標を見付けたりすることができるよう工夫すること。その際，道徳性を養うことの意義について，児童自らが考え，理解し，主体的に学習に取り組むことができるようにすること。

(4) 児童が多様な感じ方や考え方に接する中で、考えを深め、判断し、表現する力などを育むことができるよう、自分の考えを基に話し合ったり書いたりするなどの言語活動を充実すること。
(5) 児童の発達の段階や特性等を考慮し、指導のねらいに即して、問題解決的な学習、道徳的行為に関する体験的な学習等を適切に取り入れるなど、指導方法を工夫すること。その際、それらの活動を通じて学んだ内容の意義などについて考えることができるようにすること。また、特別活動等における多様な実践活動や体験活動も道徳科の授業に生かすようにすること。
(6) 児童の発達の段階や特性等を考慮し、第2に示す内容との関連を踏まえつつ、情報モラルに関する指導を充実すること。また、児童の発達の段階や特性等を考慮し、例えば、社会の持続可能な発展などの現代的な課題の取扱いにも留意し、身近な社会的課題を自分との関係において考え、それらの解決に寄与しようとする意欲や態度を育てるよう努めること。なお、多様な見方や考え方のできる事柄について、特定の見方や考え方に偏った指導を行うことのないようにすること。
(7) 道徳科の授業を公開したり、授業の実施や地域教材の開発や活用などに家庭や地域の人々、各分野の専門家等の積極的な参加や協力を得たりするなど、家庭や地域社会との共通理解を深め、相互の連携を図ること。
3 教材については、次の事項に留意するものとする。
(1) 児童の発達の段階や特性、地域の実情等を考慮し、多様な教材の活用に努めること。特に、生命の尊厳、自然、伝統と文化、先人の伝記、スポーツ、情報化への対応等の現代的な課題などを題材とし、児童が問題意識をもって多面的・多角的に考えたり、感動を覚えたりするような充実した教材の開発や活用を行うこと。
(2) 教材については、教育基本法や学校教育法その他の法令に従い、次の観点に照らし適切と判断されるものであること。
ア 児童の発達の段階に即し、ねらいを達成するのにふさわしいものであること。
イ 人間尊重の精神にかなうものであって、悩みや葛藤等の心の揺れ、人間関係の理解等の課題も含め、児童が深く考えることができ、人間としてよりよく生きる喜びや勇気を与えられるものであること。
ウ 多様な見方や考え方のできる事柄を取り扱う場合には、特定の見方や考え方に偏った取扱いがなされていないものであること。

4 児童の学習状況や道徳性に係る成長の様子を継続的に把握し、指導に生かすよう努める必要がある。ただし、数値などによる評価は行わないものとする。

資料7	地方公務員法(抄)

(昭和25年12月13日法律第261号)
(最終改正:平成26年6月13日法律第69号)

(服務の根本基準)
第30条 すべて職員は、全体の奉仕者として公共の利益のために勤務し、且つ、職務の遂行に当つては、全力を挙げてこれに専念しなければならない。
(服務の宣誓)
第31条 職員は、条例の定めるところにより、服務の宣誓をしなければならない。
(法令等及び上司の職務上の命令に従う義務)
第32条 職員は、その職務を遂行するに当つて、法令、条例、地方公共団体の規則及び地方公共団体の機関の定める規程に従い、且つ、上司の職務上の命令に忠実に従わなければならない。
(信用失墜行為の禁止)
第33条 職員は、その職の信用を傷つけ、又は職員の職全体の不名誉となるような行為をしてはならない。
(秘密を守る義務)
第34条 職員は、職務上知り得た秘密を漏らしてはならない。その職を退いた後も、また、同様とする。
2 法令による証人、鑑定人等となり、職務上の秘密に属する事項を発表する場合においては、任命権者(退職者については、その退職した職又はこれに相当する職に係る任命権者)の許可を受けなければならない。
3 前項の許可は、法律に特別の定がある場合を除く外、拒むことができない。
(職務に専念する義務)
第35条 職員は、法律又は条例に特別の定がある場合を除く外、その勤務時間及び職務上の注意力のすべてをその職責遂行のために用い、当該地方公共団体がなすべき責を有する職務にのみ従事しなければならない。
(政治的行為の制限)
第36条 職員は、政党その他の政治的団体の結成に関与し、若しくはこれらの団体の役員となつてはならず、又はこれらの団体の構成員となるように、若しくはならないように勧誘運動をしてはならない。
2 職員は、特定の政党その他の政治的団体又は特定の内閣若しくは地方公共団体の執行機関を支持し、又はこれに反対する目的をもつて、あるいは公の選挙又は投票において特定の人又は事件を支持し、又

はこれに反対する目的をもって，次に掲げる政治的行為をしてはならない。ただし，当該職員の属する地方公共団体の区域（当該職員が都道府県の支庁若しくは地方事務所又は地方自治法第252条の19第1項の指定都市の区若しくは総合区に勤務する者であるときは，当該支庁若しくは地方事務所又は区若しくは総合区の所管区域）外において，第1号から第3号まで及び第五号に掲げる政治的行為をすることができる。
一　公の選挙又は投票において投票をするように，又はしないように勧誘運動をすること。
二　署名運動を企画し，又は主宰する等これに積極的に関与すること。
三　寄附金その他の金品の募集に関与すること。
四　文書又は図画を地方公共団体又は特定地方独立行政法人の庁舎（特定地方独立行政法人にあっては，事務所。以下この号において同じ。），施設等に掲示し，又は掲示させ，その他地方公共団体又は特定地方独立行政法人の庁舎，施設，資材又は資金を利用し，又は利用させること。
五　前各号に定めるものを除く外，条例で定める政治的行為
3　何人も前二項に規定する政治的行為を行うよう職員に求め，職員をそそのかし，若しくはあおってはならず，又は職員が前二項に規定する政治的行為をなし，若しくはなさないことに対する代償若しくは報復として，任用，職務，給与その他職員の地位に関してなんらかの利益若しくは不利益を与え，与えようと企て，若しくは約束してはならない。
4　職員は，前項に規定する違法な行為に応じなかったことの故をもって不利益な取扱を受けることはない。
5　本条の規定は，職員の政治的中立性を保障することにより，地方公共団体の行政及び特定地方独立行政法人の業務の公正な運営を確保するとともに職員の利益を保護することを目的とするものであるという趣旨において解釈され，及び運用されなければならない。

（争議行為等の禁止）
第37条　職員は，地方公共団体の機関が代表する使用者としての住民に対して同盟罷業，怠業その他の争議行為をし，又は地方公共団体の機関の活動能率を低下させる怠業的行為をしてはならない。又，何人も，このような違法な行為を企て，又はその遂行を共謀し，そそのかし，若しくはあおってはならない。
2　職員で前項の規定に違反する行為をしたものは，その行為の開始とともに，地方公共団体に対し，法令又は条例，地方公共団体の規則若しくは地方公共団体の機関の定める規程に基いて保有する任命上又は雇用上の権利をもって対抗することができなくなるものとする。

（営利企業への従事等の制限）
第38条　職員は，任命権者の許可を受けなければ，商業，工業又は金融業その他営利を目的とする私企業（以下この項及び次条第一項において「営利企業」という。）を営むことを目的とする会社その他の団体の役員その他人事委員会規則（人事委員会を置かない地方公共団体においては，地方公共団体の規則）で定める地位を兼ね，若しくは自ら営利企業を営み，又は報酬を得ているいかなる事業若しくは事務にも従事してはならない。
2　人事委員会は，人事委員会規則により前項の場合における任命権者の許可の基準を定めることができる。

資料8　教育公務員特例法（抄）
（昭和24年1月12日法律第1号）
（最終改正：平成28年11月28日法律第87号）

（研修）
第21条　教育公務員は，その職責を遂行するために，絶えず研究と修養に努めなければならない。
2　教育公務員の任命権者は，教育公務員の研修について，それに要する施設，研修を奨励するための方途その他研修に関する計画を樹立し，その実施に努めなければならない。
（研修の機会）
第22条　教育公務員には，研修を受ける機会が与えられなければならない。
2　教員は，授業に支障のない限り，本属長の承認を受けて，勤務場所を離れて研修を行うことができる。
3　教育公務員は，任命権者の定めるところにより，現職のままで，長期にわたる研修を受けることができる。
（初任者研修）
第23条　公立の小学校等の教諭等の任命権者は，当該教諭等（政令で指定する者を除く。）に対して，その採用（現に教諭等の職以外の職に任命されている者を教諭等の職に任命する場合を含む。附則第四条第一項において同じ。）の日から一年間の教諭又は保育教諭の職務の遂行に必要な事項に関する実践的な研修（以下「初任者研修」という。）を実施しなければならない。
2　任命権者は，初任者研修を受ける者（次項において「初任者」という。）の所属する学校の副校長，教頭，主幹教諭（養護又は栄養の指導及び管理をつかさどる主幹教諭を除く。），指導教諭，教諭，主幹保育教諭，指導保育教諭，保育教諭又は講師のうちから，指導教員を命じるものとする。

3　指導教員は，初任者に対して教諭又は保育教諭の職務の遂行に必要な事項について指導及び助言を行うものとする。
（十年経験者研修）
第24条　公立の小学校等の教諭等の任命権者は，当該教諭等に対して，その在職期間（公立学校以外の小学校等の教諭等としての在職期間を含む。）が十年（特別の事情がある場合には，十年を標準として任命権者が定める年数）に達した後相当の期間内に，個々の能力，適性等に応じて，教諭等としての資質の向上を図るために必要な事項に関する研修（以下「十年経験者研修」という。）を実施しなければならない。
2　任命権者は，十年経験者研修を実施するに当たり，十年経験者研修を受ける者の能力，適性等について評価を行い，その結果に基づき，当該者ごとに十年経験者研修に関する計画書を作成しなければならない。
3　第一項に規定する在職期間の計算方法，十年経験者研修を実施する期間その他十年経験者研修の実施に関し必要な事項は，政令で定める。
（研修計画の体系的な樹立）
第25条　任命権者が定める初任者研修及び十年経験者研修に関する計画は，教員の経験に応じて実施する体系的な研修の一環をなすものとして樹立されなければならない。
（指導改善研修）
第25条の2　公立の小学校等の教諭等の任命権者は，児童，生徒又は幼児（以下「児童等」という。）に対する指導が不適切であると認定した教諭等に対して，その能力，適性等に応じて，当該指導の改善を図るために必要な事項に関する研修（以下「指導改善研修」という。）を実施しなければならない。
2　指導改善研修の期間は，一年を超えてはならない。ただし，特に必要があると認めるときは，任命権者は，指導改善研修を開始した日から引き続き二年を超えない範囲内で，これを延長することができる。
3　任命権者は，指導改善研修を実施するに当たり，指導改善研修を受ける者の能力，適性等に応じて，その者ごとに指導改善研修に関する計画書を作成しなければならない。
4　任命権者は，指導改善研修の終了時において，指導改善研修を受けた者の児童等に対する指導の改善の程度に関する認定を行わなければならない。
5　任命権者は，第一項及び前項の認定に当たつては，教育委員会規則（幼保連携型認定こども園にあつては，地方公共団体の規則。次項において同じ。）で定めるところにより，教育学，医学，心理学その他の児童等に対する指導に関する専門的知識を有する者及び当該任命権者の属する都道府県又は市町村の区域内に居住する保護者（親権を行う者及び未成年後見人をいう。）である者の意見を聴かなければならない。
6　前項に定めるもののほか，事実の確認の方法その他第一項及び第四項の認定の手続に関し必要な事項は，教育委員会規則で定めるものとする。
7　前各項に規定するもののほか，指導改善研修の実施に関し必要な事項は，政令で定める。
（指導改善研修後の措置）
第25条の3　任命権者は，前条第四項の認定において指導の改善が不十分でなお児童等に対する指導を適切に行うことができないと認める教諭等に対して，免職その他の必要な措置を講ずるものとする。

教育実践の理論と方法
──教育実習・子どもの発達・授業──

2017年11月15日　初版第1刷発行

編著者　長 瀬 善 雄

発行者　伊 東 千 尋

発行所　教 育 出 版 株 式 会 社
　　　　〒101-0051　東京都千代田区神田神保町2-10
　　　　電話 03-3238-6965　振替 00190-1-107340

©Y. Nagase 2017　　　　　　　　　組版　ピーアンドエー
Printed in Japan　　　　　　　　　印刷　藤原印刷
落丁・乱丁はお取替いたします。　　製本　上島製本

ISBN978-4-316-80450-7　C3037